現場で使える
要介護認定調査員便利帖

現役要介護認定調査員 **加藤 裕美** 著
hiromi kato

SHOEISHA

本書内容に関するお問い合わせについて

このたびは翔泳社の書籍をお買い上げいただき、誠にありがとうございます。弊社では、読者の皆様からのお問い合わせに適切に対応させていただくため、以下のガイドラインへのご協力をお願い致しております。下記項目をお読みいただき、手順に従ってお問い合わせください。

■ご質問される前に　　　　弊社Webサイトの「正誤表」をご参照ください。これまでに判明した正誤や追加情報を掲載しています。
正誤表 https://www.shoeisha.co.jp/book/errata/

■ご質問方法　　　　　　　弊社Webサイトの「刊行物Q&A」をご利用ください。
刊行物Q&A https://www.shoeisha.co.jp/book/qa/
インターネットをご利用でない場合は、FAX または郵便にて、下記"愛読者サービスセンター"までお問い合わせください。
電話でのご質問は、お受けしておりません。

■回答について　　　　　　回答は、ご質問いただいた手段によってご返事申し上げます。ご質問の内容によっては、回答に数日ないしはそれ以上の期間を要する場合があります。

■ご質問に際してのご注意　本書の対象を越えるもの、記述個所を特定されないもの、また読者固有の環境に起因するご質問等にはお答えできませんので、あらかじめご了承ください。

■郵便物送付先およびFAX番号　送付先住所 〒160-0006　東京都新宿区舟町5
FAX 番号 03-5362-3818
宛先（株）翔泳社 愛読者サービスセンター

●免責事項
※本書の内容は2018年3月現在の法令等に基づいて記載しています。
※本書に記載されたURL等は予告なく変更される場合があります。
※本書の出版にあたっては正確な記述に努めましたが、著者および出版社のいずれも、本書の内容に対してなんらかの保証をするものではなく、内容やサンプルに基づくいかなる運用結果に関してもいっさいの責任を負いません。
※本書に記載されている会社名、製品名は、一般に各企業の商標または登録商標です。
※本書ではTM、®、©は割愛させていただいております。

はじめに

　筆者が認定調査の仕事を始めたばかりの頃、最初に頭を悩ませたのが、特記事項への記載でした。特記事項は、認定結果に大きく影響するため重要です。なのに、記載内容の見本となるものがとにかく少ない。厚生労働省が出しているテキストはあるものの、わかりづらいと思っていました。あの頃をふり返ると、実は介護者の言われるがまま、記載していたと思います。ご家族様は大げさに言う時もありますが、そんなところにまで頭が回りません。本人の状況がピンとくるようになったのは、半年くらい経ってからでしょうか。

　さらに、思っていた以上にややこしく複雑なのが、基本調査——選択肢の判断でした。判断基準をしっかり理解していないと、間違った選択肢を選んでしまいかねません。

　例えば、「2-2 移動」という項目では介助の方法を判断しますが、1日で見ると自走と職員が車いすを押す回数がほぼ同じ場合、何を選択したらいいのか。1週間の状況を聞いてみると、「どちらかといえば自走のほうが多い」ということで、ならば「介助されていない」を選択するわけですが、新人の頃は「本当にその選択肢でよいのかどうか」一つひとつ迷っていました。

　調査の回数をこなすごとに、少しずつ聞き方も工夫するようになります。介護者から「短期記憶ができる時とできない時は半々」と聞いた場合、新人の頃は、そのまま頻回の数で判断しましたが、今では「短期記憶ができないのはどんな時か」「ひどい物忘れもあるのでは」「薬の飲み忘れはあるのか」などと、突っ込んで聞くようになりました。

　認定調査は、利用者の生活を大きく変えてしまう重要な仕事です。筆者が何時も心にとめているのが「客観的な視点」。つまり、誰が調査を行っても等しく同じ結果になることです。「介護者の言われるがままの記載」ではいけないのです。

　過去には、聞き取りが足りなかったり結果の妥当性に不安があったりして眠れない時もありました。慣れてくると、本人の状態も今までの事例に基づいて把握できるようになってきますし、ヒアリングの際にも、どこに重点をおいて聞くべきかわかってきます。今では調査をしながらだいたいの介護度も予想できるようになりました。

　著者は、これまでに1,000件以上の認定調査を行ってきました。本書は、その経験をもとに、項目の注意点のほか、判断のポイントや特記事項の文例をまとめました。これから認定調査を行う、あるいは今、認定調査で悩んでいる方にとって、何か少しでもヒントになれたら、お役に立てたらと思います。また、これから調査員になることを考えている人にも参考にしていただけると思います。

　最後に、この本を作るにあたり、他の調査員さんにも意見をいただくなど協力していただきました。本書の制作に関わってくださった皆様に深く感謝いたします。

2018年4月吉日

加藤裕美

もくじ

はじめに 3
本書の使い方 8

Part 1
認定調査員について知りたい

Sec.1　要介護認定調査についておさらい 12
Sec.2　認定調査員の条件 14
Sec.3　認定調査員の仕事 16
Sec.4　事前に準備すること 18
Sec.5　当日注意したいこと 20
Sec.6　採用後の研修から独り立ちまで 22
Sec.7　調査員として必要なこと 24
コラム　臨時職員や委託職員の雇用条件は? 26

Part 2
認定調査票の書き方

Sec.1　認定調査票とは 28
Sec.2　概況調査の書き方 30
Sec.3　基本調査の書き方 32
Sec.4　特記事項の書き方 34
コラム　聞き取り調査は公正に冷静に自然な流れで! 36

Part 3
調査での聞き方・判断ポイント・特記事項文例

第1群　身体機能・起居動作(13項目) 38

コラム	よく聞かれる質問は?	39
1-1	麻痺等の有無(有無)	40
1-2	拘縮の有無(有無)	44
1-3	寝返り(能力)	48
1-4	起き上がり(能力)	50
1-5	座位保持(能力)	52
1-6	両足での立位保持(能力)	54
1-7	歩行(能力)	56
1-8	立ち上がり(能力)	58
1-9	片足での立位(能力)	60
1-10	洗身(介助の方法)	61
1-11	つめ切り(介助の方法)	63
1-12	視力(能力)	64
1-13	聴力(能力)	66

第2群　生活機能(12項目)　68

コラム	調査員に対するクレームへの予防策!	69
2-1	移乗(介助の方法)	70
2-2	移動(介助の方法)	72
2-3	えん下(能力)	74
2-4	食事摂取(介助の方法)	76
2-5	排尿(介助の方法)	78
コラム	尿器・尿カテーテル・ポータブルトイレをどう考える?	81
2-6	排便(介助の方法)	82
2-7	口腔清潔(介助の方法)	84
2-8	洗顔(介助の方法)	86
2-9	整髪(介助の方法)	88
2-10	上衣の着脱(介助の方法)	90
2-11	ズボン等の着脱(介助の方法)	92
2-12	外出頻度(有無)	94

第3群　認知機能（9項目） 96

> **コラム** 調査票の提出前に矛盾がないか確認しよう! 97

- **3-1** 意思の伝達（能力） 98
- **3-2** 毎日の日課を理解する（能力） 100
- **3-3** 生年月日や年齢を言う（能力） 102
- **3-4** 短期記憶（能力） 103
- **3-5** 自分の名前を言う（能力） 105
- **3-6** 今の季節を理解する（能力） 106
- **3-7** 場所の理解（能力） 107
- **3-8** 徘徊（有無） 108
- **3-9** 外出すると戻れない（有無） 110

第4群　精神·行動障害（15項目） 112

- **4-1** 被害的になる（有無） 114
- **4-2** 作話（有無） 116
- **4-3** 感情が不安定（有無） 117
- **4-4** 昼夜の逆転（有無） 119
- **4-5** 同じ話をする（有無） 121
- **4-6** 大声をだす（有無） 122
- **4-7** 介護に抵抗（有無） 123
- **4-8** 落ち着きなし（有無） 124
- **4-9** 一人で外に出たがる（有無） 125
- **4-10** 収集癖（有無） 126
- **4-11** 物や衣類を壊す（有無） 127
- **4-12** ひどい物忘れ（有無） 128
- **4-13** 独り言·独り笑い（有無） 130
- **4-14** 自分勝手に行動する（有無） 131
- **4-15** 話がまとまらない（有無） 132

第5群　社会生活への適応（6項目）　　133

- 5-1　薬の内服（介助の方法）　　134
- 5-2　金銭の管理（介助の方法）　　136
- 5-3　日常の意思決定（能力）　　138
- 5-4　集団への不適応（有無）　　140
- 5-5　買い物（介助の方法）　　142
- 5-6　簡単な調理（介助の方法）　　144

その他　過去14日間にうけた特別な医療について（12項目）　　146

- 6-1　点滴の管理　　147
- 6-2　中心静脈栄養　　148
- 6-3　透析　　149
- 6-4　ストーマ（人工肛門）の処置　　150
- 6-5　酸素療法　　151
- 6-6　レスピレーター（人工呼吸器）　　152
- 6-7　気管切開の処置　　153
- 6-8　疼痛の看護　　154
- 6-9　経管栄養　　155
- 6-10　モニター測定　　156
- 6-11　褥瘡の処置　　157
- 6-12　カテーテル　　158

自立度

- 7-1　障害高齢者の日常生活自立度（寝たきり度）　　159
- 7-2　認知症高齢者の日常生活自立度　　162

参考資料

- 一次判定シミュレーション　　164
- 人体の骨格・褥瘡ができやすい部位　　165

本書の使い方

●本書の構成

本書は、認定調査員の資格や条件、準備などの仕事全般についての解説（Part1）、認定調査票についての解説（Part2）、認定調査票の中の「基本調査」74項目と、それぞれの判断ポイントや特記事項文例について（Part3）の大きく3つで構成されています。

Part 1・Part 2

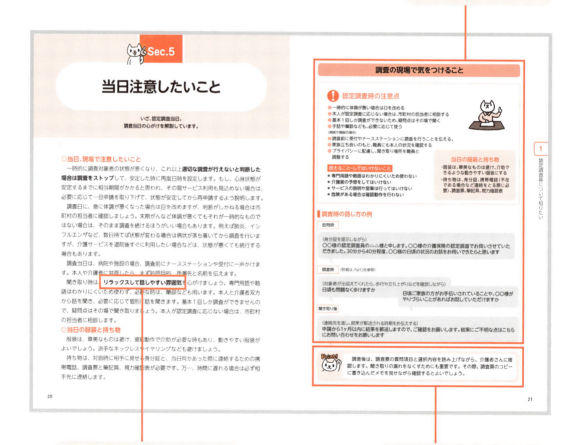

右ページには、内容をより理解しやすいよう図を用意しています

本文の重要なところを太字にして強調しています

特に注意したいポイントをまとめています

Part 3

基本調査の74項目は大きく6つのグループ（群）に分かれています。ここでは各群の定義を示しています

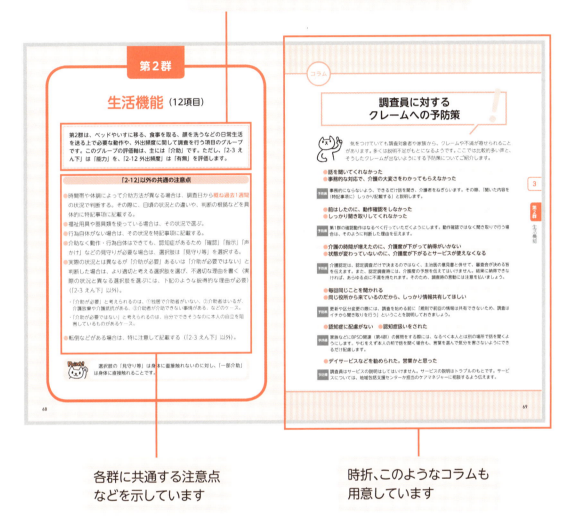

各群に共通する注意点などを示しています

時折、このようなコラムも用意しています

● ご注意

判断基準は、基本的に全国統一となっていますが、より詳細部分の判断や、特記事項への記載については、保険者（市町村）ごとに多少異なることもありますので、ご了承ください。

Part 3の各項目

厚生労働省『要介護認定 認定調査員テキスト2009改訂版』に記載されている各項目の「定義」を示しています

各項目に用意されている選択肢です

各項目について聞き取りを行うときの聞き方の例です

各選択肢を選ぶ際の判断のポイントです

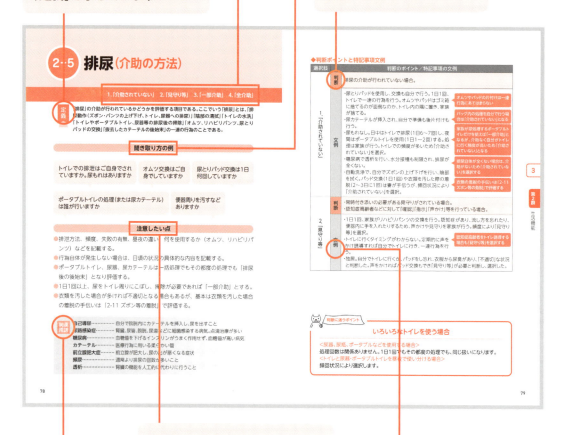

各項目の注意点を示しています

関連用語も用意しています

各選択肢を選んだ際に、特記事項に記載する文例です。この文例集を集めたWordファイルを「特典」として用意していますので、ダウンロードしてご利用いただけます(166ページ参照)

Part 1

認定調査員について知りたい

- **Sec.1** 要介護認定調査についておさらい
- **Sec.2** 認定調査員の条件
- **Sec.3** 認定調査員の仕事
- **Sec.4** 事前に準備すること
- **Sec.5** 当日注意したいこと
- **Sec.6** 採用後の研修から独り立ちまで
- **Sec.7** 調査員として必要なこと

Sec.1
要介護認定調査について おさらい

介護保険の介護サービスを使用するには介護度の認定が必要です。
認定にあたり本人の状況の聞き取りや確認を行うのが認定調査です。

◎介護度を決めるのに重要な調査

　介護保険による介護度には7段階ありますが、介護サービスの利用を希望する人がどのレベルの状態にあるかを決めるために行われるのが、**要介護認定調査**です。

　介護度の決定には、主治医と調査員、介護認定審査会、事務局（市町村）がかかわります。認定調査の依頼が来ると、調査員は調査対象者の自宅や施設などを訪問し、本人の身体状況や日頃の状況を聞き取って、書類（認定調査票）を作成し、事務局（市町村）に提出します。また主治医は、医療の立場から本人の状況をまとめた書類（主治医意見書）を作成し提出しますが、この主治医意見書と認定調査票がコンピューターにかけられて一次判定が出され、一次判定をもとにさらに医師や保健師などによる会議（介護認定審査会）で総合的に判断され（二次判定）、最終的に介護度が決められます。市町村に置かれる事務局は、介護認定の事務手続きや介護認定審査会の開催などを行い、介護認定の責任を負います。

◎認定調査の基本原則

　要介護認定を実施するのは市町村ですが、調査についての「基本原則」が厚生労働省によって示されており、市町村はこれを守らねばなりません。

　認定調査票は介護認定の最も基本の資料となるため、認定調査は**全国一律の方法**で行われます。公平公正で客観的かつ正確に行われ、**「介護の手間」を適正に評価**します。認定調査は、新規申請時のほか更新時、区分変更時にも行われますが、それぞれのタイミングで**原則1回**しか行いません。調査員が「この点をもう少し聞きたい」などと思っても後からその機会はないため、調査方法や選択基準等をよく理解しておくことが大事です。

　提出した調査票に対して、不明点や疑義があると、再調査や照会に対する回答が求められたり、また介護認定審査会への出席、審査対象者の状況などの意見が求められたりします。

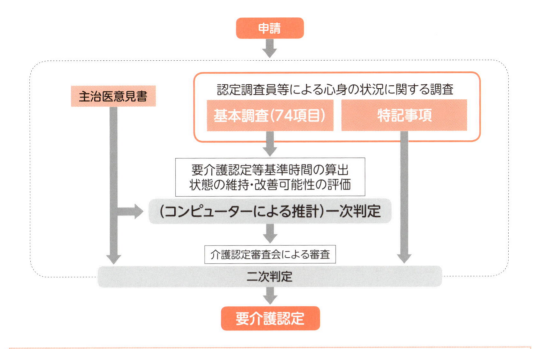

認定調査の基本原則

- 新規の調査は、市町村職員か事務受託法人が行う。
- 更新や区分変更の調査は、居宅支援事業所や他福祉施設のケアマネジャー等に委託できる。
- 保健、医療、福祉に関する専門の知識を有する者が任命されることが望まれる。
- 公平公正で客観的に適切に行われなければならない。
- 介護の手間を適正に評価し必要に応じ必要な情報をわかりやすく記載しなければならない。
- 原則1回で実施する。
- 調査員は方法や基準を理解し、面接技術等の向上に努めなければならない。
- 自ら調査した結果に介護認定審査会から要請があった場合、再調査の実施や照会に対する回答、介護認定審査会への出席、状況などの意見を求められる事がある。
- 認定調査に関連して知り得た個人の秘密に関して守秘義務がある。これに違反した場合は公務員に課せられる罰則が適用される。
- ここでの公務員に課せられる罰則とは、地方公務員法では1年以下の懲役または3万円以下の罰金に処すると規定されている(「地方公務員法」第34条第1項及び第60条第2号)。

出典:厚生労働省『要介護認定 認定調査員テキスト2009改訂版』をもとに著者作成

Sec.2 認定調査員の条件

介護保険の新規の認定調査は、市町村か事務受託法人の職員が行います。
認定調査員はどこに所属しているのでしょうか。

◎認定調査員はどこに所属している？

認定調査員は、介護保険法で「市町村は、被保険者から要介護認定等の申請があったときは、職員に被保険者に面接させ、その心身の状況や環境を法律で定める事項について調査させる」と規定されています。つまり、基本的には調査員は市町村の職員ということになりますが、市町村は外部に委託することもできます。

委託先は、申請が新規か、更新・区分変更かによって変わります。「新規」の場合は、**市町村の職員や事務受託法人**（社会福祉法人、民間企業、日本赤十字など）が行いますし、「更新」や「区分変更」の場合は、それ以外に**居宅介護支援事業者、介護保険施設、地域密着型介護老人福祉施設等、また介護支援専門員（ケアマネジャー）で一定の研修を終えた者**も調査を行ってよいとされます。

「新規」の認定調査は市町村職員か事務受託法人しか行うことができませんが、職員だけでは件数がこなせないため、認定調査のみを行う認定調査員を契約職員や嘱託職員として雇うところが多くなっています。

◎認定調査員になれるのは？

認定調査員の資格要件としては、**保健、医療、福祉の専門的な知識がある者**とされ、誰でもなれるわけではありません。ケアマネジャー、医師、看護師、理学療法士、社会福祉士、介護福祉士などの資格を持つ者や、ヘルパー2級以上を取得し介護施設などで1年以上働いた者、施設などで相談業務を行う者とされます。

認定調査員の求人は、市町村、社会福祉協議会などが出していますが、ケアマネジャーの資格を必要とするところが多くなっています。これは、介護支援専門員の業務として、認定調査に立ち会ったり認定調査票を見たりする機会が多くあり、介護認定についてある程度、知識があるからと思われます。

パソコン入力が必須のところもあり、「パソコン入力のできる方」という条件が加えられることもあります。

認定調査を行う人は?

「認定調査」制度上の位置づけ

介護保険法第27条第2項
(要介護認定)
市町村は、被保険者から要介護認定等の申請があったときは、当該職員をして、当該申請に係る被保険者に面接させ、その心身の状況、その置かれている環境その他厚生労働省令で定める事項について調査させる。

※厚生労働省令で定める事項：要介護認定申請に係る被保険者の病状及び当該者が現に受けている医療の状況

認定調査の実施者は?

新規の認定調査 ……………… 市町村職員または事務受託法人が実施

更新／区分変更の認定調査 …… 市町村職員または事務受託法人が実施
　　　　　　　　　　　　　　＋(プラス)

(下記に委託可)
- 指定居宅介護支援事業者、地域密着型介護老人福祉施設、介護保険施設などの事業者／施設
- 介護支援専門員であって厚生労働省令で定めるもので、都道府県や指定都市が行う研修の修了者

出典：厚生労働省『要介護認定 認定調査員テキスト2009改訂版』をもとに著者作成

認定調査員に必要な資格

保健、医療、福祉に関しての専門的な知識を有している者

＜下記に該当する者＞
- 介護支援専門員(ケアマネジャー)、医師、看護師、理学療法士、社会福祉士、介護福祉士などの国家資格を持つ者
- ヘルパー2級以上を取得し、介護施設などで1年以上働く者、施設などで相談業務を行う者

Point! 募集時の要件となる資格は、市町村、受託法人（社会福祉法人など）によって異なりますので、お住まいの市町村に問い合わせるなどしてみてください。

認定調査員の仕事

認定調査員は、調査対象者の状況を決められた74項目の内容について聞き取りを行い、結果をまとめ、書類を提出します。調査依頼を受けた後、1件の対応の流れはどのようなものでしょうか。

◎調査時の仕事の流れ

以下は、市町村と委託契約を結んでいる場合の例です。

市町村の事務局に行き、各自のボックス内の申請書類を受け取ります。市町村は、原則申請日から30日以内に申請者に結果を郵送するため、調査員が行う一連の仕事——訪問連絡から調査の実施、書類提出までは、だいたい申請日から2週間以内に済ませることが目安です。

申請書類には、**調査対象者の現在の状況や注意事項などの記載**があるため、連絡する前に必ずしっかり目を通しましょう。

調査対象者への連絡は、提出期限もありますので、書類を受け取った**当日には行います**。電話がつながらない場合は、次の日に時間帯を変えるなど工夫してかけ直します。数日、時間帯を変えても連絡がつかない場合は、事務局に相談し、家族などから連絡してもらう場合もあります。

また、どうしても諸事情により提出期限に遅れる場合は、事務局（市町村）に遅れる理由や経過を連絡します。

◎前日まで／当日に注意したいこと

調査日までに、あらかじめスマートフォンの地図アプリなどで場所を確認しておくとスムーズです。自動車の場合、新興住宅地などはカーナビや地図アプリに正確に出てこない場合もありますので、住宅地図はいつでも見れるように自動車に積んでおきます。

調査にかかる時間はだいたい30〜40分ですが、10分程度で聞き取りが終わる場合もあります。認知症などで問題行動がある場合や手間が多い場合は調査の時間もかかりますが、寝たきりで意思疎通ができない場合など、職員からの聞き取りがほとんどを占める場合などは短時間になります。いずれの場合でも、聞き取り調査は本人や介護者に負担がかかるため、1時間以内には終えるようにします。

◎調査票の記入はすぐに行う

　調査を終えて戻ってきたら、事務所または委託の方は自宅で、パソコンを使って認定調査票を作成します。調査票は、介護度の決定に重要な役目を果たす書類ですので、ミスや記入漏れがあってはいけません。書類作成について数日分をためこみ、まとめて作成しようとすると、誰がどのような状態だったか詳細が思い出せなくなります。メモだけを頼りに記載するのも具体的かつ詳しい描写が難しくなります。このため、調査を行った当日中に調査票をまとめるようにします。

　また、調査票は、細かく聞き取る必要があった人のほうが、その分、書類作成にも時間がかかります。調査に時間がかかった人の分を先に行うなど、順番や時間配分を工夫するとよいでしょう。

　作成した調査票はできるだけ早く提出します。なお、書類提出後も、事務局から調査に関しての確認が入る場合もあり、関係書類は、3ヶ月間破棄せず保管しておきます。書類の破棄の方法は、シュレッダーで行うのか、または保険者事務局に返却するのかなど市町村の指示に従います。

認定調査1件分の依頼から終了までの流れ（委託契約）の例

＼ 申請調査員の書類提出期限は**2週間**以内! ／

1　申請書類を受け取る
事務局（市町村）の各自のボックスから受け取る

2　訪問日時の連絡
・書類を受け取った日になるべく早く連絡を行う
・申請書類の連絡先に電話で連絡する

3　認定調査
調査時間はだいたい30～40分

4　調査票の書類の作成
慣れれば10～30分程度で記載
※関係書類は3ヶ月間は破棄せず保管しておくこと

5　書類提出
調査後、次回事務局に行く日に提出

→ 2週間以内

Sec.4

事前に準備すること

申請書類を受け取ったら、早めに調査対象者に連絡を取ります。
ここでは気をつけるべきことをまとめています。

◎事前に確認しておきたいこと

調査日時を決めるための連絡をする際に、調査を行う場所として、調査対象者の日頃の様子や状況がわかる場所で行いたい旨をお伝えしておくとよいでしょう。調査対象者が普段リビングではなく、自室のベッドにいることが多い場合は、ベッドのある部屋で調査を行うほうが日頃の状況を把握しやすいです。また、日頃の状態を知るのに、介護者から聞き取りするため、**介護者にはできるだけ同席**してもらいます。

連絡の相手が本人ではなく家族などの場合は、**本人の前で話しにくいことがないか**を事前に確認しておきましょう。その場合は、その項目については別途本人のいない場所で家族などに聞き取りを行います。

Column
自動車や自転車などを停める場所を確認しておきたい

自動車を停める場所を事前に電話で確認しておかないと、調査場所から駐車場が遠かったり道が狭かったりして、自動車を停めるまでに時間がかかる場合があります。また、マンションなどの場合は、置くところが限られているため、近くのパーキングに停める場合もありますし、また自転車もエントランス前などに勝手に置いておくと、住人からのクレームの対象になりかねません。近くのパーキングを利用した際の駐車場代は、別途請求できる市町村が多いため、領収書はきちんと保管しておきます。住宅街の個人宅は「家の前に置いて」と言われることも多いですし、路上駐車にならないかとひやひやする場所もありますので、自動車を停める場所はしっかり確認しておきましょう。

また、あまり土地勘がない場所の場合は、10分前に着くくらい早めに出発するといいでしょう。一度、著者がカーナビの示す通りに車を進めたら、とても狭いところで行き止まり、戻るのも狭過ぎて何度もハンドルを切り直し、大変時間がかかったことがあります。

訪問先が病院や施設の場合は、同室者がいる場合もあります。**プライバシーに配慮**し、病院や施設の職員と認定調査の実施場所を調整します。階数や部屋の番号は連絡時に聞いておくとスムーズです。

　訪問日は、車が混んだり、前の調査に時間がかかったりすることもあるため、約束の時間には幅をもたせるとよいでしょう。また、前に別件の調査がある場合は、「時間に多少遅れる可能性がある」旨を事前に伝えておいたほうがよいでしょう。

アポイントをとる

電話連絡の例

挨拶	○○様のご家族様のお電話でよろしいでしょうか。私は○○市介護保険課の認定調査員の○○と申します。今、お時間大丈夫でしょうか。
目的を伝える	先日、介護保険の認定調査の申請をいただきましたので、今週または来週あたりでご都合のいいお日にちにお伺いして、40分程度お時間をいただきお話をお伺いさせていただけたらと思います。
日時の提案	調査の日程を決めさせていただきたいと思いますが、○月○日○時はいかがでしょうか。
補足など	もし当日、普段に比べて体調が悪い場合や、お熱がある場合には調査ができませんので、日を改めさせていただきます。その場合は、市役所かこの携帯にお電話いただけたらと思います。
施設や病院の場合	施設の方に○月○日○時に認定調査に伺うことをご家族様から伝えていただけたらと思います。

日時設定のポイント

- 約束の時間は余裕をもたせて決める。
- 「道路状況などによって、10分程度遅れる場合がある」などと伝えておく。
- 介護者が同席できる日に設定する（やむを得ず介護者不在で調査を行った場合は、特記事項に記載）

場所設定のポイント

- 原則、日頃の状況がわかる場所で行う。
- 記載された住所が、本人が生活している場所とは限らないため（居住していない場合など）、事前に確認する。
- （入院・入所中の場合）家族から施設や病院に認定調査の日時を連絡してもらう。
- 駐車や駐輪の場所も確認する。

Sec.5 当日注意したいこと

いざ、認定調査当日。
調査当日の心がけを解説しています。

◎当日、現場で注意したいこと

　一時的に調査対象者の状態が悪くなり、これ以上**適切な調査が行えないと判断した場合は調査をストップ**して、安定した時に再度日時を設定します。もし、心身状態が安定するまでに相当期間がかかると思われ、その間サービス利用も見込めない場合は、必要に応じて一旦申請を取り下げて、状態が安定してから再申請するよう説明します。

　調査日に、急に体調が悪くなった場合は日を改めますが、判断がしかねる場合は市町村の担当者に確認しましょう。末期がんなど体調が悪くてもそれが一時的なものではない場合は、そのまま調査を続けるほうがいい場合もあります。例えば肺炎、インフルエンザなど、数日待てば状態が変わる場合は病状が落ち着いてから調査を行いますが、介護サービスを退院後すぐに利用したい場合などは、状態が悪くても続行する場合もあります。

　調査当日は、病院や施設の場合、調査前にナースステーションや受付に一声かけます。本人や介護者に対面したら、まず訪問目的、所属先と名前を伝えます。

　聞き取り時は、**リラックスして話しやすい雰囲気**を心がけましょう。専門用語や略語はわかりにくいため使わず、必要な時は、筆談なども用います。本人と介護者双方から話を聞き、必要に応じて個別に話を聞きます。基本1回しか調査ができませんので、疑問点はその場で聞き取りましょう。本人が認定調査に応じない場合は、市町村の担当者に相談します。

◎当日の服装と持ち物

　服装は、華美なものは避け、確認動作で介助が必要な時もあり、動きやすい服装がよいでしょう。派手なネックレスやイヤリングなども避けましょう。

　持ち物は、対面時に相手に見せる身分証と、当日何かあった際に連絡するための携帯電話、調査票と筆記具、視力確認表が必要です。万一、時間に遅れる場合は必ず相手先に連絡します。

調査の現場で気をつけること

認定調査時の注意点

- 一時的に体調が悪い場合は日を改める
- 本人が認定調査に応じない場合は、市町村の担当者に相談する
- 基本1回しか調査ができないため、疑問点はその場で聞く
- 手話や筆談なども、必要に応じて使う

（病院や施設の場合）
- 調査前に受付やナースステーションに調査を行うことを伝える。
- 家族立ち会いのもと、職員にも本人の状況を確認する
- プライバシーに配慮し、聞き取り場所を職員と調整する

控えること・してはいけないこと
- 専門用語や略語はわかりにくいため使わない
- 介護度の予想をしてはいけない
- サービスの説明や営業は行ってはいけない
- 危険がある場合は確認動作を行わない

当日の服装と持ち物
・服装は、華美なものは避け、介助できるような動きやすい服装にする
・持ち物は、身分証、携帯電話（不在である場合など連絡をとる際に必要）、調査票、筆記具、視力確認表

調査時の話し方の例

訪問時

（身分証を提示しながら）
〇〇様の認定調査員の△△様と申します。〇〇様の介護保険の認定調査でお伺いさせていただきました。30分から40分程度、〇〇様の日頃の状況のお話をお伺いできたらと思います

調査時　（詳細は、Part3を参照）

（対象者が出迎えてくれたら、歩行や立ち上がりなどを確認しながら）
日頃も問題なく歩けますか

日頃ご家族の方がお手伝いされていることや、〇〇様がやりづらいことがあればお話していただけますか

聞き取り後

（連絡先を渡し、結果が郵送される時期をお伝えする）
申請から1ヶ月以内に結果を郵送しますので、ご確認をお願いします。結果にご不明な点はこちらにお問い合わせをお願いします

 Point! 調査後は、調査票の質問項目と選択内容を読み上げながら、介護者さんに確認します。聞き取りの漏れをなくすためにも重要です。その際、調査票のコピーに書き込んだメモを見せながら確認するとよいでしょう。

Sec.6 採用後の研修から独り立ちまで

ここでは調査員として市町村や事業所に採用されてからの流れを解説します。研修はすぐに終わり、あっという間に独り立ちです。先輩がいる間にわからないことはどんどん聞いておきましょう。

◎認定調査員の仕事に就いてからの流れ

調査員に採用されると、実際の調査に出る前にまずは研修があります。研修期間や流れは市町村によって多少違いはありますが、ここでは一つの例を紹介します。

初日は認定調査の**仕事の流れや注意事項などを座学**で学びます。入職前、遅くても初日には事務局から厚生労働省の『要介護認定 認定審査員テキスト 2009 改訂版』（以下、テキスト）が1冊ずつ渡され、目を通しておくように言われます。2日目からは**先輩の認定調査に同行**します。実際の先輩が行う認定調査を見聞きして、記入の仕方、聞き取り方や確認動作のやり方を見て覚えます。調査時の選択の判断において、ややこしいところやわからないところなどは同行中に聞いておきましょう。

数日の同行の後、今度は先輩が付き添いのもと、**自分で実際に調査**を行います。調査を終えた後は、基本項目のチェックと特記事項を実際に記入して、先輩に添削してもらいます。数日付き添いの後、あっという間に独り立ちです。早い人で仕事に就いて1週間、遅くても1ヶ月以内には一人で調査に出ます。認定調査は基本的に、調査員一人で訪問し、調査は1回しかできないので聞き漏れや聞き忘れなどがないようにしないといけません。疑問点があればその場で聞き取りが必要です。年に1回程度、都道府県が実施する研修やパソコンでの自宅学習などがありますので、後は実践で学んでいくのみです。

◎調査員の1日

認定調査員の1日は勤務形態によっても異なり、繁忙期によっても異なります。

例えば委託職員で、1日3件の調査予定が入っているケース（職場に行く日）であれば、午前中に1時間ごとに1件ずつ入れます。10時に1件目、11時に2件目、家や車内で食事をとり、13時に1件訪問、その後に職場に行く、という具合です。訪問先の距離が離れている場合は、午前に1件のみとなる場合もあります。

役所に行く日であれば、仕上げた調査票を提出し、新しい認定調査の書類を受け取

ります。委託職員の場合、週2回程度職場に行くのみで、基本は直行直帰になり、調査の間に家の用事や習い事などの予定を入れることができます。ただし、帰宅後にも、家で調査票の記載もしくはパソコンでの入力といった作業があり、これは夜中でも行うこともあります。契約社員など時間が決まっている勤務の場合、職場でアポイントを取り、調査票も職場で記載もしくは入力します。

大まかな流れは?

調査員採用後の流れの例

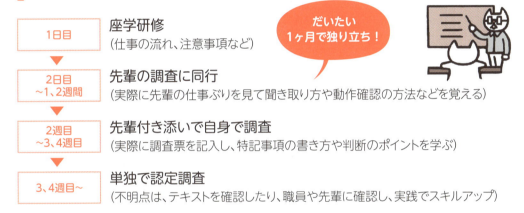

1日目	座学研修 (仕事の流れ、注意事項など)
2日目〜1、2週間	先輩の調査に同行 (実際に先輩の仕事ぶりを見て聞き取り方や動作確認の方法などを覚える)
2週目〜3、4週目	先輩付き添いで自身で調査 (実際に調査票を記入し、特記事項の書き方や判断のポイントを学ぶ)
3、4週目〜	単独で認定調査 (不明点は、テキストを確認したり、職員や先輩に確認し、実践でスキルアップ)

だいたい1ヶ月で独り立ち!

調査員(委託職員)の1日タイムスケジュールの例

- 10:00 1件目の認定調査…居宅を訪問
- 11:00 2件目の認定調査…施設を訪問
- 12:00 車中あるいは帰宅して昼食
- 13:00 3件目の認定調査…病院を訪問
- 14:00 市役所に戻る(調査票の提出、前回提出分の訂正箇所などの確認、新しい認定調査の案件を受け取り、など)
- 15:00 帰宅して調査票の仕上げ

Sec.7 調査員として必要なこと

調査員は適切に聞き取り、適切に審査会に伝えるということが重要になります。
調査員が行ってはいけないことや、基本的な心構えも頭に入れておきましょう。

◎聞き取る力と表現する力が大切

　認定調査では、うまく話を引き出し、聞き出すことが大切です。話しやすい雰囲気をつくり、相手が話す時はなるべく遮らず、会話の中で必要なことを聞いていきましょう。相手があまり話好きではない場合などは、**質問攻めにならないよう**に気をつけます。質問を次々とするより、会話の中で尋ねていくと話しやすくなり、本人の状況をより詳しく伝えてもらいやすくなります。

　また、表現する力も重要です。特記事項は読みやすく、ひきこみやすい文章を心がけましょう。特記事項に記載する際には、できること・できないこと、介護の手間などを記載し、**なぜ介助が必要か、何を困っているかなどを具体的**に記すようにします。ヒアリングした内容をきちんと審査会で汲み取ってもらうためにも、伝える力が大切です。

◎調査時は感覚をフルに働かせよう

　調査時は感覚をフル活用して、本人を観察します。調査は「目に見えること」「確認しうること」など、事実をもとに行うことが原則です。

　できるだけ普段過ごす部屋で認定調査を行うことが原則なのも、そのほうが本人のことを把握しやすいためです。近くに杖やシルバーカーがあるか、部屋は整頓されているか、壁に指示などが貼っていないか、部屋が散らかっていないかなど、部屋の様子で本人の能力を推測できます。また、本人の話す様子や内容、動作できるか、歩行できるか、耳が聞こえているか、髪の毛は匂いがなくて清潔か、など。「百聞は一見にしかず」です。見て、聞いて、嗅ぐ。感覚を働かせて情報収集を行います。

◎要注意事項（してはいけないこと）

　認定調査員は、介護度の予想を伝えてはいけません。**介護度の予想はトラブルのもと**です。もし聞かれた場合、「介護度は審査会で決まるため、現段階ではわからない」と伝えましょう。また、サービス説明や営業活動もしてはいけません。サービスの説

明や手続きは地域包括支援センターやケアマネジャーが行います。

◎調査員の基本的な姿勢とは

最後に、準公務員である認定調査員に求められる姿勢についてお話しします。認定調査においては、**人権尊重、公平中立・社会的責任、個人情報保護**を念頭に置いておかなければなりません。

人権尊重は倫理的かつ基本的なことであり、常に意識して対応しましょう。また、認定調査は自己のみの判断で行うのでなく、公平中立さが求められます。厚生労働省のテキストにある定義に従いましょう。そして提出する認定調査票は、結果（給付の度合い）に大きくかかわります。調査員は介護度決定に重要な役目を担っているという社会的責任を自覚しましょう。また、個人情報保護を厳守します。認定調査で知り得た情報は口外しないようにし、書類なども厳重に管理しましょう。

調査員に必要なスキルと姿勢

聞き取る力	調査対象者、家族などの介護者から、うまく話を引き出し、日頃の状況を聞き出すことが大切
表現する力	簡潔に必要なことをわかりやすく審査会に伝えることが大切
調査時は感覚をフルに働かせる	調査は「目に見えること」「確認しうること」など、事実に基づいて行うことが原則 本人の立ち居振る舞い、話す様子、話す内容はもちろん、室内の様子も確認すること
基本姿勢	人権尊重、公立・中立な調査、社会的責任、個人情報保護

感覚（聞く・見る・嗅ぐ）をフル活用して確認

自宅でのチェックポイント
〜ここを観察して必要な介助を探そう

・部屋の清掃
・薬ケースなど
・車いす、歩行器
・壁の貼り紙

本人のチェック

・髪の乱れ
・歯の汚れ
・尿臭
・話し方
・視力、聴力

施設・病院でのチェックポイント
〜ここを観察して必要な介助を探そう

・介護方法など貼り紙
・吸引器、酸素療法の器具
・サイドテーブルの歯磨きセット
・車いす、歩行器
・カテーテルなど
・点滴や中心静脈栄養等の点滴棒

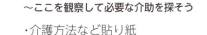

認定調査員について知りたい

臨時職員や委託職員の雇用条件は？

　認定調査員は、臨時職員や委託職員として市町村に雇用されていることが多くなっています。給与は月給制や時給制、あるいは委託であれば、基本給プラス歩合でこなした件数分の支払いなど様々です。1年契約で、更新のあるところが多いですが、大抵は最長5年までというところが多くなっています。

　保険各種など福利厚生も市町村や事業所によります。交通費も支給されるところが多いですが、委託の場合は、基本給に含まれ、駐車場代などは支給されないという市町村もあります。自治体により条件は異なりますので、お仕事を希望する際は近くの自治体などのホームページなどで検索したり問い合わせたりしてみましょう。

仕事のメリットとデメリット

　認定調査員としてのメリットは、介護業界の他の職種に比べ、煩わしい人間関係はほとんどない、という点です。もし苦手な利用者、ご家族がおられても認定調査の際に1回会う限りで、再度会うことはありません。逆に、継続的に支援がしたい人には物足りないかもしれません。短時間しか職場には行かず、職場の人とも週に数回しか顔を合わさないため、相性の合わない同僚がいても人間関係で悩むことも少ないでしょう。

　臨時職員や委託職員の場合は、プライベートの予定とも調整して仕事ができる点もメリットです。また、女性が多い職場ですので、子育てや親の介護などへの理解もあり、こうした用事などで休みやすく、働きやすいと言えます。

　営業成績やノルマもなく、体力的にも介護職と比べて楽といえば楽だと思います。調査から書類提出までが仕事と言われ、後々引きずることもほとんどありません。

　最後に、スキル面のメリットとして、毎日毎回、初対面の方から話を聞くため、対人面での対応スキルが上がる点が挙げられます。様々な病名や状況にも詳しくなりますし、医療面、介護面で大変勉強になります。

　デメリットとしては、調査の日程を相手の都合と調整するため、土日祝日や早朝、あるいは遅い時間にも調査に行かなければならない時がある点です。また、雇用形態は非正規雇用がほとんどですので、1年ごとの更新契約をしなければならず、不安定と言えます。

　雇用面での不安定さもありますが、非正規雇用の調査員には、プライベートと両立できる働き方を求める方、例えば、施設で長年働いた人が定年退職後に就く、あるいは子育て中の人が多い印象です。

Part 2

認定調査票の書き方

Sec.1　認定調査票とは

Sec.2　概況調査の書き方

Sec.3　基本調査の書き方

Sec.4　特記事項の書き方

Sec.1 認定調査票とは

認定調査票は、要介護認定の申請者を訪問し、調査した内容をまとめて事務局に提出する書類です。要介護認定の際の土台となる大変重要な書類です。

◎書類は3種類

　認定調査票は、概況調査、基本調査、特記事項の3種類の書類から構成されています。**「概況調査」**は、書類の顔のようなものです。記入者（調査員）の氏名のほか、対象者の生活状況、病状、家族構成、申請の理由やきっかけについて聞き取った内容を記載します。**「基本調査」**は、74項目ごと（調査の内容）に選択肢が用意されていて、調査対象者に当てはまるものを選びます。**「特記事項」**は、基本調査（選択肢）だけでは伝えきれない事柄や本人の状況（特に介護の手間に影響を与える内容）について、調査員が詳細に記載する書類です。

　認定調査票は、その場で特記事項まで記載する調査員もいますが、ほとんどの場合、調査員は調査時にメモをとり、戻ってから調査票を仕上げます。メモをとる用紙は、基本調査の用紙をコピーしたものを使うと後から整理しやすいでしょう。

　なお、**書類の様式や作成方法は、市町村により異なります**。手書きでもよしとする市町村もあれば、パソコン必須の市町村もあります。

◎基本調査と特記事項の役割

　基本調査は、74項目のそれぞれの選択肢について、厚生労働省のテキストに記載された定義に基づいて、「能力・介助の方法・有無」という基準で選択します。特記事項は、主に根拠（具体的状況）や介護の手間、頻度について、調査員の判断によって必要と思う情報を記載します。

　基本調査と特記事項は、審査会における最終的な判断基準も同様に異なります。二次判定時に審査会が基本調査を修正する際にはあくまで定義に基づいて行います。一方、特記事項については、審査会委員が話し合い、審査判定を行います。

　このように基本調査と特記事項の役割は異なっていて、**特記事項はいわば「審査会への伝達手段」**と言えます。そこで調査員は、要介護認定において考慮してほしいこと、伝えたいことなどすべての情報を特記事項に記載します。

認定調査票は大きく3種類　　※様式は市町村で異なる

1 概況調査

記入者名、調査対象者が現在利用しているサービスの状況、置かれている環境など

2 基本調査（74項目）

身体機能、生活機能、認知機能、精神行動障害、社会生活の適応、特別な医療に関すること

3 特記事項

基本調査だけでは把握しきれない、特に介護に影響を与える事項や活動の状況

概況調査
❶調査対象者の情報を記入

基本調査
❷訪問して、聞き取り調査を行い、選択肢にマークする

特記事項
❸選択肢だけではわからない詳細を具体的に記載する

出典：「概況調査」と「基本調査」は厚生労働省資料より

概況調査の書き方

「概況調査」は調査票の顔のようなものです。
調査対象者のおおまかな情報を記載します。

「概況調査」には、調査実施者（調査員）の情報や、調査対象者の情報、現在受けているサービス、調査対象者の状況を記入します。

◎「現在受けているサービス」記載上の注意点

在宅調査の場合、調査対象者が現在利用しているサービスがあれば記入しますが、少々注意が必要です。更新申請の場合など、介護度が下がると利用できなくなるサービス（福祉用具貸与や特別養護老人ホーム、介護老人保健施設など）があるためです。例えば、もし「要介護2」から「要介護1」に下がった場合、自宅でレンタルして利用していた車いすが使えなくなります（例外的に給付が認められる場合もあります）。

利用中のサービスや利用状況を概況調査に詳細に記載し審査会に伝えることは、事情を考慮してもらう際に重要です。一次判定で、上位の要介護度に点数がわずかに足りない場合など、審査会での検討材料に使われる場合があります。

◎「調査対象者の状況」もしっかり記載したい

調査対象者を取り巻く状況や環境についても詳細に記載します。右ページの表にまとめたように、**対象者が置かれている状況や家族の介護力**について様々な面から聞き取りを行い、審査会に伝えます。

また、申請理由についても聞き取ります。そもそも要介護認定の申請は、「介護者がいないので介護サービスを利用したい」「退院後、施設への入所を希望している」「手すりをつけたいので申請したい」「特にサービスは決めていないが医師の勧めで申請した」など理由は様々あり、また状況によっては急ぎのこともあります。**認定を急ぐ場合は、別途提出時に市町村の事務局に理由も含めて伝えます。**

さらに新規申請の際に、サービスの利用がすでに開始されていることもあります。その場合は、サービス利用欄にチェックするのでなく、概況にサービスの種類と理由を記載します。認定結果は申請日に遡って、申請日以降の利用したサービスも支給対象になります。先出しサービスを利用していることは、サービスの必要性があると審査会が考える可能性があります。

概況調査に記載するのは?

I	II	III	IV
調査員の情報	**調査対象者の情報**	**現在受けている サービス**	**調査対象者の状況**
調査日、自分の氏名・所属など、調査実施者の情報を記入する	調査対象者についての情報を記入する	「在宅」か「施設」かに分けて記入する	調査対象者を取り巻く環境(家族や居住状況など)を記入する

「現在受けているサービス」の記載の注意点

- **月はじめに調査**を行った場合は、今月利用予定のサービスを記載する。未定の場合は、前月に利用したサービスを記載する。

- **福祉用具販売**は、過去6ヶ月以内に介護保険を使って購入した場合をカウントし、自費で購入したものは含まない。

- **住宅改修**は、特に制限はなく、過去に介護保険を使って改修を行っていればカウントする。

- **施設が該当**する場合、調査日の月の入所日数を記載する。

- **「特定施設入居者生活介護」**は、施設が都道府県知事から「特定施設の指定」を受けている場合に当てはまる。有料老人ホームやケアハウス(経費老人ホーム)であればどこでも当てはまるわけではないため、施設職員への確認が必要。

◆「調査対象者の状況」に記載すること

調査対象者	記載内容
立会者	有・無 本人との続柄(妻・夫・息子・娘・兄弟姉妹)
本人の概況	有・無 本人との続柄(妻・夫・息子・娘・兄弟姉妹)
家族状況	独居・夫婦2人・娘家族○人と同居・息子夫婦と同居
主な介護者	妻・夫・息子・娘・兄弟姉妹・ヘルパー
介護者の生活状況	仕事(有・無)、健康状態(良好・○○で体調不良)
申請理由	介護者がいない・施設に入所を希望・医師の勧め　など
主訴の経過	○○頃から、きっかけ、治療
身体面	痛み(腰・膝・肩・○○など)、視力・聴力低下、筋力低下、麻痺、転倒歴
精神面	物忘れ、判断力低下、気力低下
体調の変化	有(○○頃から良くなっている・悪化している)・無
困っていることや介護が必要なこと	起居動作(起き上がり・立ち上がり)排泄・入浴・衣類の着脱・移動・洗顔・家事(料理・洗濯・掃除)暴言・徘徊・無気力・うつ
介護の状況	介護の手間がかかる・認知症が進み介護者が疲れている　など
その他	利用者の施設入所時期、入院歴、退院歴、虐待の情報　など

2

認定調査票の書き方

基本調査の書き方

基本調査では、74個の調査項目について、
選択肢の中から本人の状況に該当するものを選択します。

◎基本調査で確認することは大きく3つ

「基本調査」の74項目は6つのグループで構成されています。第1群（身体機能・起居動作）、第2群（生活機能）、第3群（認知機能）、第4群（精神・行動障害）、第5群（社会生活への適応）、その他（過去14日間にうけた特別な医療について）です。

この74項目は、主に3つの評価軸「**能力**」「**介助の方法**」「**有無**」に分けられています。

◎「能力」についての調査項目（18項目）

身体や認知の能力を確認する項目は、基本的に「腕を上げる」などの動作を調査対象者に実際に行ってもらったり実際に答えてもらったりして判断します。その際、「〇〇してください」と強制はせず、「〇〇していただけますか」と問いかけるようにします。

無理はせず危険がある場合は行わないようにしましょう。何らかの理由があって動作確認ができない場合は、その理由や状況を記載します。

すべての動作を必ず行ってもらう必要はありません。例えば、「2-3 えん下」は聞き取りのみを行います（実際に食事をとってもらうわけにはいかないため）。また、似たような**代替行為で確認できる場合**もあります。例えば、第1群に視力を確認する項目がありますが、訪問時の挨拶の際、社員証などを見せた時に字が読めていたら「普通（に見える）」を選択します。また、訪問時に調査対象者が玄関先まで出迎えてくれ、歩行の様子を見ることができれば、「1-7 歩行」も確認できたことになります。片足立ちも、歩行して立位を取っている時にお願いしてみると、確認できると思います。

なお、この「能力」における動作確認は、「調査日にたまたまできた（できなかった）」というケースも見られます。このため、「能力」（と「1-1 麻痺等の有無」）については、日頃の状況も聞き取る必要があります。調査日の確認内容と日頃の状況が異なる場合は、1週間以内でより多い状況のほうを選択します。

◎「介助の方法」についての調査項目（16項目）

　これは、**介護者による介助の状況を見る**項目です。基本的には「実際に行われている介助の状況」を選びますが、実際の状況が必ずしも適切であるとは限りません。そこで、もし調査員が「現在の状況は不適切」と判断した場合は、本来の適切と思われる選択肢を選択し、その理由を詳しく「特記事項」に記載するようにします。

　なお、「能力」と「介助の方法」は、日頃介護用品や福祉器具を使用している場合は、それを含めて「本人の能力」と考え、使った状態で判断します（例外として「1-4 起き上がり」ではギャッチアップは使わない状態で判断）。

◎「有無」についての調査項目（21項目）

　これは**麻痺やBPSD関連などの有無**を選択するもので、審査会に介護の手間や頻度を伝える項目です。「実際にどれくらいの頻度で、どの程度の介助がなされているか」について特記事項に記載します。頻度は、調査日より過去1ヶ月間の状況で選択します。

3つの評価軸の特徴

	能力	介助の方法	有無
主な調査項目	・身体の能力 （第1群を中心に10項目） ・認知の能力 （第3群を中心に8項目）	・生活機能 （第2群を中心に12項目） ・社会生活への適応 （第5群を中心に4項目）	・麻痺等・拘縮 （第1群の9部位） ・BPSD関連 （第4群を中心に18項目）
選択肢の特徴	「できる」「できない」の表現が含まれる	「介助」の表現が含まれる	「介助」の表現が含まれる
基本調査の選択基準	試行による本人の能力の評価	介護者の介助状況 （適切な介助）	行動の発生頻度に基づき選択（BPSD）※
特記事項	・日頃の状況 ・選択根拠・試行結果 （特に判断に迷う場合）	介護の手間と頻度 （介助の量を把握できる記述）	介護の手間と頻度 （BPSD）※
留意点	・実際に行ってもらった状況と日頃の状況が異なる場合 ・「日頃の状況」の意味にも留意する	実際に行われている介助が不適切な場合	・選択と特記事項の基準が異なる点に留意 ・定義以外で手間のかかる類似の行動等がある場合（BPSD）※

※麻痺等・拘縮は能力と同じ

出典:厚生労働省 認定調査員能力向上研修会資料より

Sec.4 特記事項の書き方

特記事項は、基本調査を補うための選択の根拠や頻度などを記載します。
一次判定の結果を変更する理由となりうる、介護度認定で大変重要な書類です。

◎特記事項は「介護の手間」を具体的に伝える役割

特記事項では、基本調査における**各項目の選択理由や頻度、介護の手間**についての補足事項を記載します。この内容は審査会での介護度変更の検討材料になります。

介護認定は、「介護の手間」がものさしになりますので、特に「介助の方法」の個人差が大きい項目「**第2群（生活機能）**」と「**第4群（BPSD関連）**」や、介護の手間がかかる**移動、排泄、食事摂取**などの項目に重点を置いて記載することが大切です。

該当項目がなくても審査会に伝えるべきと調査員が考えるものがあれば、類似の項目の特記事項に、具体的なエピソード、頻度や手間を記載します。例えば、「4-7 介護に抵抗」するわけではないが暴力行為がある場合や、「6-11 褥瘡の処置」に該当はしないが、ヘルペスがあり看護師が軟膏を塗っている場合など、選択はしませんが、特記事項に記載しておきます。定義のとおりに判断すると「介助されていない」「ない」「できる」などの選択肢になっても、実際には介護の手間があれば、やはり特記事項に記載します。さらに、今後予測しうることも、状態の維持や改善可能性の貴重な材料となるため記載します。例えば「現在リハビリを行ったら改善し歩行もできるようになった。今後もリハビリ予定」「以前は食欲がなくほとんど食べなかったが、食欲があり食事も自分で食べている」などです。

◎特記事項の記載上の注意点

特記事項は、申請者も見る可能性があり、**専門用語は使わない**ようにします。

また、具体的な県名や市町村等、**個人を特定できる記載はしてはいけません**。例えば、「東京都の〇〇病院」ではなく、「都内の現病院に入院」と記載し、固有名詞は使用しないようにします。認知機能を確認する際に尋ねる生年月日も、正しく答えた場合に「正答した」とのみ記載し、具体的な年月日の記載は行わないようにします。

頻度を記載する場合は、曖昧な記述「ときどき」「よく」などではなく、「1日に2～3回」「毎日」「週に1～2回」などと具体的に記します。

特記事項の記入の留意ポイント

● 第2群や第4群、特に「移動」「排泄」「食事摂取」に重点を置く。これらは個人差があることから、介護量に差がでる項目であり、「介護の手間」を問う判断に大きく影響しやすい。

● 「介助はされていない」「ない」「できる」を選択しても、介護の手間があれば記載する。

> **例** 「2-5 排尿」で「介助はされていない」
> ➡ (特記事項) 週3回程度、失禁があり、掃除は家族が行う。
> 「2-2 移動」で「介助はされていない」(室内は自力で移動)
> ➡ (特記事項) 週2回、通院時は長距離の歩行ができないため、介助者が腕を支えて移動する。

● 頻度は具体的に数字で記載する。
  NG 「ときどき」「頻繁に」
  OK 「1日2〜3回」「毎日」「週に2〜3回」

● 状態の維持や改善可能性があれば記載する。

> **例** ● 現在リハビリを行い歩行ができるようになった。今後もリハビリを続けていく。
> ● 以前は食欲がなく、自ら進んで食べなかったが、最近は食欲があり自分で食べる。
> ● 退院後自宅での生活も慣れ、身の回りのことは自分で行えている。

前項で解説した74項目の「基本調査」と、ここで解説した「特記事項」については、Part3から各項目ごとの聞き取り方や判断のポイント、特記事項文例を紹介していきます。

聞き取り調査は公正に冷静に自然な流れで

聞き取り調査を行っていると、対象者の話に矛盾があったり、職員と家族の話が食い違ったりすることもあります。このような場合、「聞き取り力」が大切です。不明点があれば、もう一歩踏み込んで聞いてみましょう。掘り下げて聞くことが大切です。

例えば、「最近、物忘れが多い」と言われた時は、具体的に聞き出します。どういった物忘れなのか、約束ができないのか薬の飲み忘れがあるのか、日常生活は問題ないのかを聞きます。単なる年相応の物忘れかもしれません。ほかにトイレの流し忘れや携帯や電化製品が使えるかなどについても確認します。物忘れの捉え方は人それぞれです。疑問に思った時は、根掘り葉掘り失礼のないように工夫しながら確認しましょう。そうすると本人の物忘れの度合いが見えてきます。

また、相手の話を聞いて、すべてを言われるがまま、そのままに受け取るのでなく、あくまで冷静に客観的に聞き、判断しましょう。公正な判断かつ客観的な記録を取るよう心がけ、他の調査員が行っても同じ結果になるような調査を行いたいものです。自分が行った調査結果が気になる時もありますが、そこは「書類を提出するまでが仕事」と割り切ることも必要です。

冷静で客観的な聞き取り調査を、とはいっても項目をただ順に淡々と聞いていくだけでは、相手に「一方的だった」「事務的に聞かれた」などの印象を持たれかねません。「最近、お困りのことはないですか」などと切り出し、相手の話を聞くことに重きを置きましょう。本人や家族が話し出したことに関連づけて自然な流れで質問するようにすると、相手も話しやすくなります。

「体調はいかがでしょう」と聞き始めてみて、「膝が痛い」などと返されたら、いつからで何が原因か、歩行しにくくないか、やりにくいことなどを聞き出します。例えば腕が痛いのであれば、トイレで拭きづらくはないか、着脱しにくくないか、洗身はできているのかなど、痛みによってしにくいことから関連する項目を合わせて聞くとよいでしょう。基本調査の74項目は、上から順番通りではなく、話しやすい流れで自然に聞いたほうが多くのことが聞き取りやすくなります。

Part 3

調査での聞き方・判断ポイント・特記事項文例

第1群 身体機能・起居動作

第2群 生活機能

第3群 認知機能

第4群 精神・行動障害

第5群 社会生活への適応

その他 過去14日間にうけた特別な医療について

自立度

第1群

身体機能・起居動作（13項目）

第1群は、日々の生活に必要な基本的な動作を評価するグループです。第1群は多くが「できるかどうか」を問う能力の項目ですが、他に麻痺や拘縮の有無を問う項目と、洗身とつめ切りの介助の方法を評価する項目があります。

共通の注意点（動作をしてもらう点について）

● 能力での評価基準はできるだけ行ってもらい、動作を行ってもらったか、否かを記載する。

● 動作確認は、無理のない範囲でお願いするという形で、事前に本人や立会者に確認を取ってから行う。

● 動作を行ってもらえなかった場合は、理由や状況を記載する。

● 調査対象者に実際に行ってもらう、あるいは聞き取った日頃の状況の**頻回状況（過去1週間）**で選択する。また、その場合、調査時の状況も記載する。

● 福祉用具や補助具を日常的に使う場合は使った状態で選ぶ。

● 実際の動作が困難な場合や、その他の日常生活で行いにくいことなど、生活での支障があれば詳しく記載する。

共通の注意点

● 「できる」「できない」の選択をする時に、判断に迷う場合は、「時間がかかるがなんとか行う」など、単なる「できる」ではなく、どのようにできるのかなどを具体的に特記事項に記載する。

● 多くが「できる・できない」と能力を問うものではあるが、できる場合であっても、他者の手間がかかるようであれば記載しておく。また、審査会に状態を適切に伝えることが大切であるので、何か問題などがあれば詳しく記載する。

コラム

よく聞かれる質問は❓

認定調査に伺うと、調査対象者やご家族からさまざまな質問をされます。中には想定外の質問もありますが、ここではよく聞かれる質問と回答例を紹介します。

Q 結果はどれくらいでわかるの？
A 申請日から1ヶ月以内に原則郵送で通知されます。今回の認定調査と主治医の意見書、この2つをもとにして審査会が決めます。また結果に不明な点がございましたらご連絡ください。

Q 年齢も高齢になっているし、介護度は下がらないよね？
A 介護度は介護の手間で決まります。年齢や病気で決まるわけではありません。

Q 結果が出るまでにサービスは使えるの？
A 利用されたサービスは、申請日から遡って結果に基づいて支給されます。ただし、非該当の場合には支給されないためお勧めしない担当者が多いと思いますが、一度地域包括支援センターにご相談いただけたらと思います。

Q サービスはどんなものがあるの？
A 調査員がサービスの説明をしてはいけない規則になっています。地域包括支援センターの職員か、居宅のケアマネジャーにお問い合わせいただけますでしょうか。

Q 介護タクシーは使えるの？
A 介護タクシーを使えるかどうかについては、結果によって変わりますので、後日、結果が出てから地域包括支援センターにお問い合わせいただけますでしょうか。

Q 利用料はいくらかかるの？
A 介護度によって料金が決まっています。またサービスによっても異なりますので、結果が出てから地域包括支援センターにお問い合わせいただけますでしょうか。

Q 手すりの業者も紹介してくれるの？
A 結果が出た時に、地域包括支援センターあるいは居宅のケアマネジャーにお問い合わせいただけますでしょうか。調査員はサービスの説明をしてはいけないことになっております。

1-1 麻痺等の有無（有無）

1.「ない」　2.「左上肢」　3.「右上肢」　4.「左下肢」　5.「右下肢」　6.「その他（四肢の欠損）」

定義　「麻痺等の有無」を評価する項目である。ここでいう「麻痺等」とは、神経又は筋肉組織の損傷、疾病等により、筋肉の随意的な運動機能が低下又は消失した状況をいう。脳梗塞後遺症等による四肢の動かしにくさ（筋力の低下や麻痺等の有無）を確認する項目である。

聞き取り方の例

調査員も一緒に動作を行いながら、可能な限り、確認動作をしてもらう。

> 本人と立会人の双方に同意を得てから行う

> 本人から「痛い」などと訴えがある時は、それ以上行わず、それまでの状況で判断する

両上肢の確認

（座位の状態の場合）腕をこのように肩の高さまで上げて、止めることはできますか

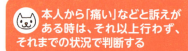
（仰向けの状態の場合）腕をここまで上げて、止めることはできますか

❶ 座った姿勢で、腕を前方に肩の高さまで上げて、静止したまま保持できるか

| 円背の場合 |
座った姿勢で、腕をあごくらいの高さまで上げて、静止したまま保持できるか

❷ 座った姿勢で、腕を左右に肩の高さまで上げて、静止したまま保持できるか

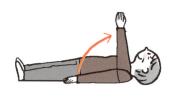

| 仰向けで行う場合 |
腕を体に沿って置き、肘を伸ばしたまま上げて、静止したまま保持できるか
※仰向けだと垂直方向だけでよい

聞き取り方の例

両下肢の確認

（座位の状態の場合）座った状態で、ここまで膝をまっすぐに伸ばして、止めることはできますか

（仰向けの状態の場合、枕を膝下に入れて）ここまで足を上げて、止めることはできますか

❸ 座った姿勢から、膝を前方に水平に伸ばして、静止したまま 保持できるか

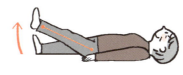

仰向けで行う場合

膝の下に枕を入れ、膝から下を上げて、静止したまま保持できるか

※枕から大腿部が離れないように行う

※いすから大腿部が離れないように行う

判断に迷うポイント
膝が悪くて正座ができない

膝が90度以上曲がらず正座ができないような状態でも、挙上動作ができれば、両下肢の麻痺等は「ない」となります。

判断に迷うポイント
医学的な麻痺とは異なる

ここでの「麻痺」は、脳梗塞など通常いわれる「医学的な麻痺」とは基準が異なります。筋力低下や意識障害のために動かせない場合なども「麻痺等あり」と判断します。

注意すべき点

- 筋力低下の聞き取りだけでなく、確認動作ができるかが判断のポイント。
- しびれなどの感覚障害は、評価に影響しない。
- 静止の保持には、秒数は問わない。保持できているかどうかを判断する。
- 確認動作ができても、それ以外の箇所で動かしにくく、日常生活で支障がある場合は記載する。
- 四肢に欠損がある場合は、「その他（四肢の欠損）」を選択する。

◆判断ポイントと特記事項文例

選択肢		判断のポイント／特記事項の文例
1.「ない」	判断	・両上下肢の確認動作ができた場合。 ・しびれなどの訴えがあっても、動かすことができれば「ない」となる。
	文例	・認知症のため、意思疎通できず、確認動作が行えなかった。介護者によると、顔を手で触る、足を上げるなどが日頃見られ、麻痺や筋力低下はない。 【日頃の頻度で選択する】 ・両下肢に浮腫はあるが、両上下肢の確認動作ができ、保持できた。手指がしびれがあり動かしにくいが、動かないわけではないため「ない」を選択。 ・頚椎の手術の影響により、肩から上に上肢が上がらず高いものが取れないが、上肢も肩の高さまで挙上でき、両下肢の確認動作もできたので「ない」を選択した。 【肩より上に上がらなくても、肩の高さまで挙上かつ保持できたらよい】
2.「右上肢」 3.「左上肢」	判断	・目的とする確認動作ができなかった場合。 ・腕を前方と横に上げる確認動作のうち、どちらかができなければ「あり」となる。
	文例	・調査時はリウマチの関節痛があり、両上肢60度程度までしか上がらない。日頃も両上肢ほとんど上げられないため、洗顔や食事も困難であり介助が必要。 ・パーキンソン病のため、両上肢、筋力が低下し、肩の高さまで上げることができなかった。日頃も挙上できず、食事介助、洗顔、口腔ケアは妻が行う。 ・脳梗塞の後遺症で、左上肢に麻痺があり、肩の高さまで左上肢を上げることができない。着替えや洗身時は、いつも介護者が左腕を持ち上げている。 ・両上肢は前方には挙上できたが、左右には肩に痛みがあり、45度程度しか挙上できなかった。 【前方と左右両方ができないと「麻痺等あり」になる】
4.「右下肢」 5.「左下肢」	判断	目的とする確認動作ができなかった場合。
	文例	・胃がんが進行し、食欲が落ち、日増しに筋力が低下している。両下肢60度程度しか挙上できなかった。 ・入院してから歩行を行っていないため、筋力低下している。両下肢を挙上できたが、保持できなかった。日頃も困難とのこと。 【保持も必要】
6.「その他(四肢の欠損)」	判断	・四肢の一部に欠損がある場合。 ・上下肢以外に麻痺や自分で動かせない箇所がある場合。 ※必ず部位や状況などを具体的に特記事項に記載する。
	文例	・昔の機械操作の事故のため、左手指の5本とも第一関節から欠損している。 ・右手指に麻痺があり自分で全く動かせなかった。日常動作が左手のみで行うため、ボタンを留める、着替えなど日常動作に時間がかかる。 ・左下肢膝下から欠損があり、義足を使用し挙上動作できた。左下肢は「ない」となり、「その他」のみ選択。

選択肢	判断のポイント／特記事項の文例
複数選択の場合	(2「左上肢」4「左下肢」6「その他(四肢の欠損)」) 脳梗塞で左麻痺があり、左上下肢を全く動かすことができない。左手指も少ししか動かせない。
	(5「右下肢」6「その他(四肢の欠損)」) 糖尿病の壊死により右膝下より欠損がある。
	(3「右上肢」6「その他(四肢の欠損)」) 脳出血の右麻痺のため、右上肢が確認動作で保持ができなかったため選択。右手指も麻痺があり、ほとんど動かせなかった。他は挙上できた。 **挙上できても保持できなければ「麻痺等あり」となる**
	(2「左上肢」3「右上肢」4「左下肢」5「右下肢」6「その他(四肢の欠損)」) ・意識障害があり、自分の意志で四肢等、手指等を全く動かせない。 ・筋萎縮性側索硬化症(ALS)で四肢麻痺がある。両上下肢挙上動作不可。自分の意志で手指等も全く動かせない。

関連用語

- **円背(えんぱい)**……筋肉が萎縮したり脊柱の湾曲したりなどして、器質的に背中が丸くなる症状。姿勢の変化による猫背とは異なる
- **欠損**……身体の一部が欠けてなくなること
- **不全麻痺**……完全な麻痺ではなく少し動かせる麻痺のこと
- **片麻痺**……片側の上下肢と顔面の麻痺があること
- **対麻痺**……両下肢の麻痺があること
- **浮腫**……むくみとも言われるもの
- **脊柱管狭窄症**……脊柱管が狭くなり神経が圧迫され腰などが痛い症状
- **関節リウマチ**……関節に炎症が起こり、変形が生じること
- **パーキンソン病**……筋肉が固くこわばり、拘縮や動作の障害が起きる病気
- **変形性膝関節症**……膝の軟骨が薄くなって膝関節に変形が起こるもの
- **神経痛**……末梢神経のある場所で起こる痛み

判断に迷うポイント

介護度が上がりそう？

麻痺や拘縮の項目を「ある」としてチェックすることは、介護度が高くなるようにも思えますが、必ずしもそうとは限りません。逆に選択したことで他の項目と影響し合い、介護の手間が減ると考えられ、介護度が下がる場合もあります。麻痺、拘縮の選択は、慎重にと考えるケアマネも多いです。

拘縮の有無(有無)

1.「ない」 2.「肩関節」 3.「股関節」 4.「膝関節」 5.「その他(四肢の欠損)」

定義 「拘縮の有無」を評価する項目である。ここでいう「拘縮」とは、対象者が可能な限り力を抜いた状態で他動的に四肢の関節を動かした時に、関節の動く範囲が著しく狭くなっている状況をいう。

聞き取り方・声かけの例

調査員が他動で対象の関節を動かす（4〜5秒かけて行う）。

本人と立会人の双方に同意を得てから行う

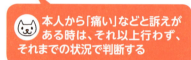
本人から「痛い」などと訴えがある時は、それ以上行わず、それまでの状況で判断する

肩関節の確認

膝や関節で曲げにくいところはありますか

（腕をゆっくり肩まで上げながら）肩まで上がるかを確認します

❶腕を前方に、肩の高さまで上げることができるか

❷腕を左右に、肩の高さまで上げることができるか

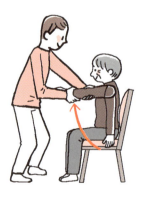

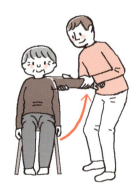

※円背の場合はあごの高さくらいまで上げる

仰向けで行う場合

前方に腕を挙上できるか、左右の肩を結んだ高さまで腕を動かせるか

声かけの例

股関節の確認

（股関節を開いてもらいながら）股関節が、90度くらい曲がるかを確認します

股関節が、拳2つ入る程度、開くかどうかを確認します

❸仰向けに寝た姿勢で、膝を曲げたままで股関節が直角（90度）程度曲がるか

❹仰向けに寝た姿勢あるいは座位で、膝が閉じた状態から開いて、内側を25cm程度離すことができるか

※片足のみで開き、もう一方の足の関節に制限がある場合は「制限なし」となるが、特記事項に記載する

膝関節の確認

（両下肢をゆっくり上げながら）膝が90度くらい曲がるかを確認します

❺膝をまっすぐ伸ばした状態から、90度曲げることができるか

うつ伏せ、あるいは仰向けで行う場合
どちらか一方で確認できればよい

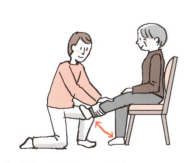

※他の関節も拘縮がないか確認する

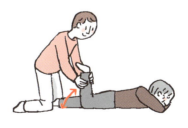

3 第1群 身体機能・起居動作

45

確認動作は無理をしないことが大切。無理に行うことで、関節を痛めたり、体調が悪くなったりすることも……。決して強制せず、本人や立会人に質問する形でお願いしましょう。

注意すべき点

- 関節が動くかどうかを評価する項目である。 筋力低下は、「麻痺等の有無」で評価する
- 四肢に欠損がある場合は、「その他（四肢の欠損）」を選択する。
- 痛みなどがあり、関節の動く範囲に制限がある場合も「拘縮あり」となる。
- その他で日常生活上での支障がある場合は、特記事項に記載する
- 複数の関節に制限がある場合は、該当するものを複数選択する。

麻痺と拘縮の確認の違い

「1-1 麻痺等の有無」と「1-2 拘縮の有無」の違いは、「1-1 麻痺等の有無」は自分で動かせるか否かであり、「1-2 拘縮の有無」は他動でも動かせれば制限なしとなります。

関連用語
- 外転……………身体の中心軸から上肢や下肢を遠ざける動作のこと
- 屈曲……………上肢や下肢の関節を曲げる動作のこと
- 伸展……………上肢や下肢の関節を伸ばす動作のこと
- 骨粗しょう症………骨の緻密さが低下すること
- 拘縮……………関節の動きが制限された状態
- 多系統萎縮症………筋肉がこわばることで、動きが遅くなる、歩くときにふらつき転びやすくなるなどが見られる

◆判断ポイントと特記事項文例

選択肢		判断のポイント／特記事項の文例
1.「ない」	判断	四肢の関節の動く範囲に制限がない場合。
	文例	・顔より上には腕が上がらないので、高いところにある物を自分では取れないが、確認動作は行えた。 ・股関節は右下肢の膝を外側に開けないが、左下肢の外転で拳2個程度が開いた。

片足のみの外転で25cm確認できれば「ない」となるが、制限があることを記載しておく

選択肢		判断のポイント／特記事項の文例
2.「肩関節」	判断	・肩が左右どちらか一方でも、他動で動かしても肩の高さまで腕が上がらないような、関節に可動域制限がある場合。 ・前方あるいは横のどちらかに可動域制限がある場合。
	文例	・右肩が脱臼し、動かせない。動かさないように医師にも言われている。 ・がんの骨転移で右肩に痛みがあり、右上肢が肩の高さまで上がらない。着替えなども時間がかかり日常生活のあらゆる動作に時間がかかる。
3.「股関節」	判断	屈曲または外転のどちらかに可動域制限がある場合。
	文例	・左股関節の手術直後のため、関節が外れる危険があり10㎝程度しか開けることができず、寝返りもできない。 ・股関節が外転は開くが、痛みがあり、屈曲が45度程度しかできない。リクライニングしか座位がとれない。　　　**屈曲か外転どちらか一つでもできなければ「可動域制限あり」となる** ・両膝が25cm程度開いたままで、それ以上開くことも閉じることもできない。歩行が困難で車いすを使用している。　　　**膝が閉じない場合、開いた状態から最終的に開いた距離が25cm程度は必要**
4.「膝関節」	判断	膝が左右どちらか一方でも、膝関節の動く範囲に制限がある場合。
	文例	・変形性膝関節症の痛みのため左膝関節が伸展できなかった。 ・うつ伏せの状態から両膝が90度まで屈曲できなかった。日頃も屈めず、靴下など本人で履くことができない。
5.「その他（四肢の欠損）」	判断	・四肢の一部（手指、足趾を含む）に欠損がある場合。 ・肩関節、股関節、膝関節以外の関節に制限がある場合。 ・腰椎・頚椎等、関節に制限ある場合。 ・その他の例：肘、手指、胸椎、腰椎、手首、足首など肩、股、膝以外の関節
	文例	・昔の機械操作の事故のため、左手指が第一関節から欠損している。日常生活はすべて右手で行う。　　　**四肢の一部に欠損がある場合にあてはまり「その他」のみを選択する** ・義足をつけ、左下肢膝下から欠損。義足で挙上動作できたため、左下肢は「ない」となり「その他」のみを選択した。 ・肘が拘縮していて他動でも動かせなかった。洗顔や食事時に介助が必要。 ・右手首が骨折したためギプスで固定され動かせない。日常動作は左手のみで行い、家事は家族が行う。 ・円背がひどく、他動でも拘縮して腰椎が伸ばすことができない。　　　**頚椎の動く範囲に制限がある場合にあてはまる**
複数選択	文例	（「5.膝関節」「6.その他（四肢の欠損）」） ・糖尿病の壊死により右膝下より欠損がある。　　　**四肢の欠損がある場合は「その他（四肢の欠損）」を選択** （「2.肩関節」「5.その他（四肢の欠損）」） ・脳出血で右麻痺があり、右肘と右肩に痛みがある。他動でも少ししか動かせない。日常生活の動作をすべて左手で行う。 （「2.肩関節」「4.膝関節」） ・拘縮があり、膝関節が伸ばせず、両上肢も肩の高さまで上がらない。衣類着脱しにくく、職員が工夫して行っている。

3

第1群

身体機能・起居動作

1-3 寝返り（能力）

1.「つかまらないでできる」　2.「何かにつかまればできる」　3.「できない」

定義　「寝返り」の能力を評価する項目である。ここでいう「寝返り」とは、きちんと横向きにならなくても、横たわったまま左右のどちらかに身体の向きを変え、そのまま安定した状態になることが自身でできるかどうか、あるいはベッド柵、サイドレールなど何かにつかまればできるかどうかの能力である。

聞き取り方の例

- 寝返りはご自身でできますか
- 寝返りはどのようにされていますか

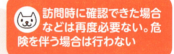
訪問時に確認できた場合などは再度必要ない。危険を伴う場合は行わない

Point!　声かけの際には、「してください」ではなく、「できますか」などと尋ねるようにするとよいでしょう。

注意すべき点

- 身体の上にふとん等をかけないで寝返りできるかで判断する。
- 一度起き上がってから体の方向を変えることでしかできない場合は、寝返りとはいえず「できない」を選択する。

関連用語
仰臥位……………… 仰向けの姿勢のこと
側臥位……………… 横向きの姿勢のこと

◆判断ポイントと特記事項文例

選択肢		判断のポイント／特記事項の文例
1.「つかまらないでできる」	判断	・介助者が声をかければ、自分でつかまらずできる場合。 ・何もつかまらず、寝返りや左右どちらかに身体の向きをかえることを自分でできる場合。 ・単に習慣的に手をつくが、つかまればできる能力がある場合。
	文例	・認知症があり、自分では行わないが声がけなどを行えばできる。 ・下半身には麻痺があるが、上半身は何にもつかまらず寝返りが自力でできる。
2.「何かにつかまればできる」	判断	・習慣ではなく、自分の身体の一部をつかんで寝返りを行う場合。 ・ひも、バーなど、何かにつかまることで寝返りを行える場合。
	文例	・家族の話では、週1回程度、めまいが酷くて寝返りができないとのこと。日頃はベッド柵につかまればでき、より頻回な状況に基づき「何かにつかまればできる」を選択する。 ・脳梗塞直後は左麻痺の影響でできなかったが、2週間前から、完全な回転はできないが、自分の膝の裏をつかみ、仰向けから横を向くことができるようになった。 ・腰痛のため時間がかかるが、布団の端をつかみ、少しずつゆっくり横に向くことができる。 ・自分の大腿部をつかみ、起き上がることができる。
3.「できない」	判断	他人の介助を受けてではないと寝返りができない場合。
	文例	・左半身麻痺があり、自分では寝返りができないため、定時に職員がクッションを置き換えて体位変換を行う。 ・重度の寝たきりで、家族が体位変換を行う。 ・自力では寝返りはできない。エアーマットを敷き、褥瘡ができないように対応している。 ・腰椎圧迫骨折のため腰が痛く、一度起き上がってから向きを変えて横になる。寝返りはできないとのこと。

> 自分の身体の一部をつかみ寝返りができる場合は「つかまればできる」を選択する

3

第1群 身体機能・起居動作

1-4 起き上がり（能力）

1.「つかまらないでできる」 2.「何かにつかまればできる」 3.「できない」

定義　「起き上がり」の能力を評価する項目である。ここでいう「起き上がり」とは、身体の上にふとんをかけないで寝た状態から上半身を起こすことができるかどうかの能力である。身体の上にふとん等をかけない時の状況で選択する。

聞き取り方の例

ご自身で起き上がることはできますか

起き上がる時は、誰かに手伝ってもらいますか

訪問時に確認できた場合などは再度必要ない。危険を伴う場合は行わない

注意すべき点

- 起き上がりとは、寝た状態から上半身を起こすことであり、立ち上がりは含まれない。
- うつ伏せになってから行うなど、経路は問わない。
- ギャッチアップ（背もたれを上げる）機能が付いたベッドを使用している場合は、機能を使わない状態で選択する。ただし、常時ギャッチアップでベッドに角度をつけている場合、その状態から起き上がれるかで判断する。
- できる場合でも、時間がかかっていたり、何とかやっと行うなど困難な場合は、特記事項に詳しく記載する。

判断に迷うポイント

ギャッチアップを利用する場合は？

ギャッチアップでしか起き上がれない場合は、「できない」になります。
他の項目では、福祉用具を使ってできれば「できる」を選択しますが（例えば、義足を使って歩行できれば「歩行できる」になる）、この項目は例外となるので注意が必要です。

50

◆判断ポイントと特記事項文例

選択肢		判断のポイント／特記事項の文例
1.「つかまらないでできる」	判断	・何もつかまらず自力で起き上がりができる場合。 ・単に習慣的に手や肘をつく場合。
	文例	・何もつかまらず起き上がりができる。 ・ベッドに肘をついて起き上がるが、習慣的に行うだけで、つかまらずに起き上がりができるとのことで「つかまらないでできる」を選択した。
2.「何かにつかまればできる」	判断	・習慣的でなく、必要として何かをつかみ自力で起き上がりができる場合。 ・自分の身体の一部をつかむなどする場合。 ・布団に手などで荷重して行う場合。
	文例	・うつ伏せになってから、ベッド上に手を加重して起き上がる。 `起き上がりの経路は限定しない` ・体調が悪い場合に、職員に背中を支えて起こしてもらう（過去1週間で2回程度）。他の日は、布団に腕でしっかりと加重し、自分で起き上がるため、頻度により「何かにつかまればできる」を選択した。 `過去1週間の頻回状況で選択する` ・普段は腕に負担がかからないギャッチアップ機能を使うが、自分でベッド柵をつかみ起き上がりができ、調査時もできた。このため「何かをつまかればできる」を選択。 ・吐き気があり、常時ベッドを15度程度の角度にしている。調査時もその角度からベッドの端をつかみできた。日頃もその状態からベッド柵をつかみ起き上がりはできているため「何かをつかまればできる」を選択。 `常時ギャッチアップで角度をつけている場合、その状態から起き上がれるかで判断する`
3.「できない」	判断	・自力で起き上がれず介助が必要な場合。 ・途中まで自分でできても、最後の部分で介助が必要な場合。
	文例	・腰椎圧迫骨折で腰の痛みがあり、電動ベッドのギャッチアップ機能を使い起き上がる。ギャッチアップ機能がないと起き上がりができないため「できない」を選択。 ・途中まで自分でベッド柵をつかみ起き上がるが、腕に力が入りきらず、起き上がりの途中で看護師に支えてもらう。 `途中まで自分でできても、最後の部分で介助が必要な場合は「できない」になる` ・調査時はベッド柵につかまり自力で起き上がりできたが、日頃は体調が悪いことが多く、家族に支えられて起き上がることが多い。 `頻回状況を取る` ・腹部に痛みがあり、調査時もできなかった。2週間前までは自分で起き上がっていたが、がんの影響で体力が大きく低下し、起き上がりは家族に支えてもらっている。

3

第1群

身体機能・起居動作

1-5 座位保持（能力）

1.「できる」　2.「自分の手で支えればできる」　3.「支えてもらえればできる」　4.「できない」

定義　「座位保持」の能力を評価する項目である。ここでいう「座位保持」とは、背もたれがない状態での座位の状態を10分間程度保持できるかどうかの能力である。

聞き取り方の例

- つかまらず座っていますか
- いすに背もたれなく座れていますか
- 食事時に、もたれず座れていますか

 訪問時に確認できた場合などは再度必要ない。危険を伴う場合は絶対に行わない

注意すべき点

- 座位保持ができるかどうかの基準は10分程度とする。
- 座位までの経過、座り方（長座位、端座位など）は問わない。
- 畳生活などで、いすに座らない場合は、畳上の座位や、トイレの便座での座位の状態などで判断する。
- 調査時に座っていた状態を選ぶのでなく、できるかどうかの能力なので、調査時にもたれて座っていた場合、肘かけをつかみ座っていた場合も、もたれずつかまらずできるかを聞き取る。

食事時に背もたれなく座れているか聞くとわかりやすい。10分以上かかり大抵つかまってもいないため

 Point!　大腿部（膝の上）等をつかみ、自分の体の一部を支えにできる場合（加重しないと座位保持できない場合）は「自身の手で支えればできる」を選択します。　大腿部の裏側に手を差し入れて、自分の身体を傾斜しないようにしないと座れない場合は「支えてもらえればできる」を選択します。

◆判断ポイントと特記事項文例

選択肢	判断のポイント／特記事項の文例
1.「できる」 判断	・背もたれ等の支えがなくても、座位の保持が自力でできる場合。 ・下肢の欠損等により床に足をつけることが不可能でも座位保持ができる場合。 ・下肢が欠損しているが、日頃から補装具を装着しており、できる場合。

選択肢		判断のポイント／特記事項の文例
1.「できる」	文例	・体調が悪く、背もたれがないと座位保持ができないことが週1回程度あるが、他の日はつかまらず座位がとれる。頻回状況により「できる」を選択。 ・ベッド上で端座位の姿勢でつかまらず座っていた。日頃もつかまらず座位が取れている。 （長座位、端座位など、座り方は問わない） ・下肢欠損しているが、背もたれなくてもつかまらず座位が保持できる。 ・調査時は車いすにもたれて座っていたが食事時など10分程度ならもたれず座ることができる。
2.「自分の手で支えればできる」	判断	背もたれは必要ないが、手すり、柵、座面、壁を自分の手で支える必要がある場合。
	文例	・膝の上を手でしっかりと荷重して座位保持できていた。普段も膝などをつかまないとできない。 （加重しないと座位保持できない場合に選択） ・調査時は腰痛があり、座位は取れなかった。しかし、日頃は自分の膝をつかみ10分程度であれば座位が保持できる。 ・ふらつきがあり低血圧で調子が悪いとのことで座位を調査時は取ってもらえなかった。日頃は机などをつかむなどして前に倒れないようにすれば座位が取れるとのことで「つかまればできる」を選択した。
3.「支えてもらえればできる」	判断	・背もたれやクッションなどがないと座位が保持できない場合。 ・介護者の手で支えていないと座位が保持できない場合。
	文例	・背もたれがないと後ろに倒れてしまうが、車いすの背もたれやクッションなどを置いて支えれば座位が保てる。 （ビーズクッション等で支えていないと座位が保持できない場合は、「支えてもらえればできる」を選択） ・60度程度のリクライニング車いすを使用。職員の話によるとリクライニング車いすで日中も過ごすとのことで、「支えてもらえればできる」を選択した。 （定義では何度かは決まっていない。座位が取れていると調査員が判断すれば、状況と理由を記載する） ・日頃は、大腿部の裏側に手を差し入れて太ももをつかむなど、上体が後傾しないように座位を保持しているため「支えてもらえばできる」を選択する。 （自分の手でも身体が倒れないために行っているような状況などは「支えてもらえばできる」を選択する）
4.「できない」	判断	・背もたれを用いても座位が保持できない場合。 ・長期間（約1ヶ月）水平な体位しか取っていない場合。 ・医学的理由（低血圧など）で座位保持が禁止されている場合。 ・背骨や股関節の状態により体幹の屈曲ができない場合。
	文例	・水頭症のため、医師に座位は取らないように言われていて、移動はストレッチャーで移動し、1年以上座位を取っていない。 （医学的理由（低血圧など）により座位保持が認められない場合もあてはまる） ・ストレッチャーを用いており、車いすでの座位も取らず、長い間座位を取っていない。 （長期間（約1ヶ月）に渡り水平な体位しか取っていない場合もあてはまる） ・股関節が拘縮しており、15度以上の座位は取れないとのことで「できない」を選択した。

3

第1群 身体機能・起居動作

1-6 両足での立位保持（能力）

1.「支えなしでできる」 2.「何か支えがあればできる」 3.「できない」

定義 「両足での立位保持」の能力を評価する項目である。ここでいう「両足での立位保持」とは、立ち上がった後に、平らな床の上で立位を10秒間程度保持できるかどうかの能力である。

聞き取り方の例

何もつかまらず、10秒間立っていることはできますか

訪問時に確認できた場合などは再度必要ない。危険を伴う場合は行わない

注意すべき点

- 立ち上がりまでの介助があっても選択に影響しない。
- 片足が欠損している、拘縮で床に片足がつかない場合、片足での立位保持の状況で選択する。

◆判断ポイントと特記事項文例

選択肢		判断のポイント／特記事項の文例
1.「支えなしでできる」	判断	何にもつかまらないで立っていることができる場合。
	文例	・片足が欠損し、片足だけで立位保持できた。日頃も何もつかまらず立位保持できるため「支えなしでできる」を選択した。 ・起床時のみ、ふらつきがあり、周りのものをつかみ立位を取るが、調査時は何もつかまらずでき、日頃もつかまらず立位ができ、頻度により「支えなしでできる」を選択した。

片足が欠損し、義足を使用していない人や拘縮で床に片足がつかない場合は、片足での立位保持の状況で選択する

より頻回な状況に基づき選択を行う

2.「何か支えがあればできる」	判断	・壁、手すり、いすの背、杖など、何かにつかまると立位保持が可能な場合。 ・自分の身体の一部を支えに立位保持する場合。 ・身体を支える目的でいすの肘掛けにしっかりと加重して立位保持する場合（加重しないと立位保持できない場合）。
	文例	・立ち上がりは、家族に引き上げられないとできないが、立ってしまえば4点杖をつかみ10秒程度なら保持できる。 **立ち上がるまでの行為は含まない** ・動悸やめまいがあるため、周りのものにつかまらないとできない。調査時も机に手で加重してできた。 ・調査時には、平らな床の上で立位を10秒間程度何もつかまらず保持できたが、家族の話では日頃はふらつきがあり、周りのものをつかまらないとできない。
3.「できない」	判断	・自分では物につかまってもできないが、介護者の手で常に身体を支えれば立位保持できる、あるいは、どのような状況でも全く立位保持できない場合。 ・寝たきりで明らかに立位が取れない場合。
	文例	・下肢の筋力低下で、自分では立位ができず、介護者に脇を支えられないと立位保持できない。 ・がん末期で食欲が落ち、足に力が入らず、立位を取れない。 ・移乗の1〜2秒なら立位を取れるが、膝折れしてしまい、10秒はできない。 ・寝たきりで、下半身麻痺もあり、立位を取ることができない。

3

第1群 身体機能・起居動作

Column

質問の仕方で答えが変わる?

　例えば「1-5 座位保持」の項目で「いすに背もたれなく座れますか」と聞くと「背もたれのないいすだと厳しい」という答えが返ってくるところ、「お食事の時などもたれずに座れていませんか」と聞くと「もたれず座れる」との返事になることもあります。

　また、「1-9 片足での立位」の項目で、「片足立ちできますか」と聞くと「危なくてできない」と答える人も、「ゆっくり足踏みしてください」「階段や段差は大丈夫ですか」と聞くと、「手すりを持てば、できている」などの答えになることもあります。工夫して正確な能力を聞き取りましょう！

1-7 歩行（能力）

1.「つかまらないでできる」 2.「何かにつかまればできる」 3.「できない」

定義 「歩行」の能力を評価する項目である。ここでいう「歩行」とは、立った状態から継続して歩くことができるかどうかの能力である。立った状態から継続して（立ち止まらず、座り込まずに）5m程度歩ける能力があるかどうかで選択する。

聞き取り方の例

5m続けて歩くことはできますか

歩行時は杖や歩行器など使っていますか

訪問時に玄関まで来てくれるなどで確認できた場合などは再度必要ない。危険を伴う場合は行わない

注意すべき点

- 速度や方向などは考慮しない。
- 歩行するのが、リハビリ訓練のみの場合は、日頃の歩行ではないと考え、「できない」を選択する。
- 心肺機能の低下などで医師から5m程度の歩行程度も禁じられている場合も「できない」となる。
- 立位が取れず両手で這うなどの行為は「できない」となる。
- 自分の身体の膝などをつかんで歩いても「何かにつかまればできる」となる。
- 5m連続なので、1～2mごとに休まないとできない人は「できない」となる。
- 腕を支えるなど介護者に支えられてできる場合は「何かにつかまればできる」となる。

「立位保持」のみ、少しの支えも許されない⁈

立位保持のために、介護者による支えが少しでも必要な場合は「1-6 両足での立位保持」は「できない」となります。一方、介護者が片方の腕を支えることで歩行ができれば、「1-7 歩行」は「つかまればできる」となります。また、介護者が少し支えることによって、自分で何かをつかみできる場合、「1-8 立ち上がり」は「つかまればできる」となります。このように項目によって、基準が異なるので注意しましょう。

◆判断ポイントと特記事項文例

選択肢		判断のポイント／特記事項の文例
1.「つかまらないでできる」	判断	・身体を支える目的ではなく、視力障害でつたい歩きで連続歩行できる場合。 ・つかまらず連続5m歩行できる場合。
	文例	・左下肢膝下が欠損。義足を使い、つかまらず歩行できた。ぎこちなく歩き時間がかかる。　　　**福祉用具や器具を日頃使う場合、使った状況で選択する** ・視力障害のため、つたい歩きで周りのものを触りながらゆっくり歩行する。　　　**物に触っても身体を支える目的でなければ「つかまらないでできる」を選択する**
2.「何かにつかまればできる」	判断	・自分の身体の一部をつかみ5m歩行できる場合。 ・片方の腕を介護者が支えるなどして、支えられて5m連続歩行できる場合。
	文例	・円背のため、自分の膝をつかむことでバランスを取り、歩く。 ・ふらつきがあるため、家族が片方の腕を支え、歩行している。　　　**腕を支えるなど介護者に支えられてできる場合は「何かにつかまればできる」を選択** ・調査時は腰痛があり実際に行ってもらえず。家族の話では、日頃は、家具や柱など周りのものをつかみ歩行できている。　　　**日頃の頻回状況により「何かにつかまればできる」を選択する** ・入院時は痛みで歩行ができなかったが、リハビリを毎日行い、歩行器を使って歩行できるようになった。膝の手術により歩行も改善した。　　　**状態が安定しているなど審査会が今後を推測するためにも、可能であれば経過を記載する** ・左下肢膝下より欠損がある。義足を使い、歩行器を使って歩行できる。調査時もバランスが悪いためゆっくりと時間がかかるができた。階段などの昇り降りは困難。
3.「できない」	判断	・リハビリで歩行するが、日頃は車いすを利用し歩行していない場合。 ・寝たきり等で歩行がない場合。 ・歩行可能だが医療上で歩行制限がある場合。 ・連続して2～3mしか歩けない場合。
	文例	・間質性肺炎により、呼吸が乱れるため、1～2mごとに立ち止まって休み呼吸を整える必要があり、5m連続歩行はできない。　　　**5m連続でできない場合は「できない」となる** ・リハビリでは平行棒を使用し歩行しているが、日頃は車いすを利用し、歩行を行っていない。 ・両足切断のため、移動は両手を使ってはって行う。　　　**立位を取れない場合は「できない」となる** ・下肢の筋力低下のため、車いすを使用し、歩行はできない。 ・心肺機能の低下のため、動くと息切れがあり、医師から歩行を禁止されている。

3

第1群

身体機能・起居動作

1-8 立ち上がり（能力）

1.「つかまらないでできる」　2.「何かにつかまればできる」　3.「できない」

定義　「立ち上がり」の能力を評価する項目である。ここでいう「立ち上がり」とは、いすやベッド、車いす等に座っている状態から立ち上がる行為を行う際に（床からの立ち上がりは含まない）、ベッド柵や手すり、壁等につかまらないで立ち上がることができるかどうかの能力である。膝がほぼ直角に屈曲している状態からの立ち上がりができるかどうかで選択する。

聞き取り方の例

- いすからの立ち上がりはできますか
- 何にもつかまらずに立ち上がることはできますか

危険を伴う場合は行わない

注意すべき点

- 柔らかすぎるいすや低い（立ち上がりにくい）いすからでなく、膝が直角の状態になるいすからの立ち上がりで選択する。
- 能力の項目であるため、介助が発生しているか、日常生活の支障があるかどうかは選択に影響しないが、手間があれば特記事項に記載する。

◆判断ポイントと特記事項文例

選択肢		判断のポイント／特記事項の文例
1.「つかまらないでできる」	判断	・いす、ベッドなどに座る状態から立ち上がる際に、何もつかまらず立ち上がりできる場合。 ・単に習慣的に手をついて立ち上がる場合。
	文例	・いすやベッド、車いすなどに座っている状態から立ち上がる行為を行う際に（床からの立ち上がりは含まない）、ベッド柵や手すり、壁際等につかまらないで立ち上がることができる。 ・ソファなどの柔らかいいすからの立ち上がりは困難だが、食卓などのいすからの立ち上がりはつかまらずできている。

膝がほぼ直角になる状態からの立ち上がりで選択する

選択肢		判断のポイント／特記事項の文例
2.「何かにつかまればできる」	判断	・ベッド柵や手すり、壁際等につかまれば立ち上がりができる場合。 ・介護者が引き上げるわけでなく、基本的に自分で支えがあれば立ち上がりができる場合。 ・自分の身体の一部を支えにすれば立ち上がりができる場合。 ・介護者が引き上げるわけでなく基本自分でまわりのものをつかみできる場合。
	文例	・ふらつくため、職員に少し支えられるが、自分で机をつかみ立ち上がりができる。 ・円背で前かがみのためバランスが取りづらく、身体を支えるために膝に手を置き自分で立ち上がりができる。 ・円背であり、いすの座面を後ろに押し出すようにして加重することで立ち上がりができる。 ・調査日は、がんの痛みで腰痛があり確認行動が行えず。週2日程度は痛みで立ち上がれない日があるが、日頃はベッド柵をつかみ自分で立ち上がりができ、頻回状況より「つかまればできる」を選択。 ・調査日はソファが柔らかくて低いため、家族が脇から引き上げたが、日頃は、通常のいすなら肘掛けをつかみできているとのことで「つかまればできる」を選択した。
3.「できない」	判断	身体の一部を介護者が支える、介護者の手で引き上げるなど、介助なしではできない場合。
	文例	・介護者に脇から引き上げられて、立ち上がっている。変形性膝関節症で痛みがあり、自力で立ち上がりはできない。 ・寝たきりで、膝にも強い拘縮があり、立ち上がりは行っていない。 ・肺炎がひどく、この2週間病状が悪くて立ち上がりを全く行っておらず、筋力低下でできない。 ・週1〜2回、体調のいい時は、机をつかみ立ち上がることができるが、日頃は体調が悪くてできないことが多い。

（文例内の注釈）
> 基本的に自分で支えがあれば立ち上がりできる場合は「つかまればできる」を選択

> 習慣的でなく、自分の身体の一部を支えにしている場合「つかまればできる」を選択する

> 膝がほぼ直角に曲がった状態から立ち上がりができるかどうかで判断する

3

第1群 身体機能・起居動作

Column

調査は事務的な印象にならないように

　介護に疲れ、「人に話を聞いてほしい」と思う介護者は多いものです。調査の合間に、調査項目以外でも手間や苦労話にできるだけ耳を傾けるようにするとよいでしょう。多少時間をかけても、家族のストレスや愚痴を聞き取るようにします。聞き手に徹することで、選択肢を追うだけではわからない介護の手間なども見えてくることがあります。

1-9 片足での立位（能力）

1.「支えなしでできる」 2.「何か支えがあればできる」 3.「できない」

定義　「片足での立位」の能力を評価する項目である。ここでいう「片足での立位」とは、立ち上がるまでに介助が必要か否かにかかわりなく、平らな床の上で、自分で左右いずれかの片足を上げた状態のまま立位を保持する（平衡を保てる）ことができるかどうかの能力である。

聞き取り方の例

- 片足で1秒だけ立つことはできますか
- どこかをつかまって片足で立てますか

危険を伴う場合は行わないこと

注意すべき点

- 平らな床の上で、自分で左右いずれかの片足を上げた状態のまま1秒間程度、立位を保持できるかどうかで選択する。

◆**判断ポイント**と**特記事項文例**

選択肢		判断のポイント／特記事項の文例
1.「支えなしでできる」	判断	何もつかまらず左右いずれかの足を上げたまま、片足で1秒立つことができる場合。
	文例	・階段でもつかまらず昇り降りができ、調査時もつかまらず片足の立位ができた。 ・糖尿病のため、左下肢が膝から下が欠損しているが、右下肢で立位保持できた。 ・調査時は、立ちくらみがあり、手すりをつかみ行ったが、日頃はつかまらずでき「支えなしでできる」を選択した。
2.「何か支えがあればできる」	判断	壁や手すり等につかまり、左右いずれかの足を上げたまま、片足で1秒立つことができる場合。
	文例	・「危なくてできない」と言うが、玄関での段差も手すりにつかまって上がることができ、歩行も問題なく行うため、「何か支えがあればできる」と判断した。 ・左膝が痛いため、歩行器を使って、右下肢で1秒立位保持できた。 ・調査時は腰に痛みがあり、確認動作を行ってもらっていない。しかし、日頃は段差は手すりをつかまり昇り降りし、片足立ちもできるとのことで「支えがあればできる」を選択。
3.「できない」	判断	介護者に支えられた状態でなければ、自分では片足を上げられない状態の場合。
	文例	・調査時は手すりをつかむことでできた。しかし家族によると、日頃は片足立ちは誰かに支えられないとできないとのこと。 ・下肢筋力低下のため、歩行もバランスが悪く困難で、片足立ちはできない。 ・常時寝たきり状態。立位もとれず、片足立ちはできない。

1-10 洗身（介助の方法）

1.「介助されていない」　2.「一部介助」　3.「全介助」　4.「行っていない」

定義　「洗身」の介助が行われているかどうかを評価する項目である。ここでいう「洗身」とは、浴室内（洗い場や浴槽内）で、スポンジや手拭い等に石鹸やボディシャンプー等を付けて全身を洗うことをいう。

聞き取り方の例

身体はご自身で洗っていますか

身体を洗う時に、誰かに手伝ってもらっていますか

週何回くらいお風呂に入りますか

注意すべき点

- 浴槽に入る動作の介助や、洗髪の介助は含まない。
- 石鹸等をつける行為ではなく、あくまで身体の各所を洗う行為の介助で評価する。
- 清拭の場合は、本人または介護者など誰が行うかは関係なく、ここでは「行っていない」を選ぶが、詳細は特記事項に記載する。
- 介助が不適切と調査員が判断した場合、不適切な理由を特記事項に記載し、適切な介助方法を選択する。例えば、介護者不在や介護放棄や介護抵抗、介護者の心身状態から介助できない、本人の自立を阻害している場合などが考えられる。

判断に迷うポイント

介助の内容が毎回違うケース

特に家族が介助を行っている場合などは、身体を洗うという介助の内容も毎回同じとは限りません。そうした場合は、どのような洗身を何回行っているかで判断します。
例えば、「週2回の洗身がすべて全介助で、週5回は清拭を行っている」場合は、「全介助」を選択します。洗身する回数の中で介助がどの頻度かで選びます。
頻度が同じケース、「週2回は一部介助で、週2回は全介助」という場合は、どちらかを選択して、選択した理由と状況を特記事項に記載します。

◆判断ポイントと特記事項文例

選択肢		判断のポイント／特記事項の文例
1.「介助されていない」	判断	一連の「洗身」(浴室内で全身を洗うこと)の介助がない場合。
	文例	・右肩に痛みがあり、背中が届きにくい。洗いやすい洗身ブラシを利用し、自分で洗う。 **自助具など福祉用具や器具を使っている場合、使った状況で選択する** ・3～4日に1回、腰痛の痛みをこらえて自分で髪の毛以外を洗っている。髪の毛は妹が訪問時に洗い、浴槽からの立ち上がりも妹に支えてもらう(洗身3回中1回)。 **洗髪や入浴は含まれないが、手間が発生しているので記載しておく**
2.「一部介助」	判断	・介護者が体の一部を洗う場合。 **ときどき外から声をかける程度では見守りにならず、中に入って洗身中、見守りを続けている場合** ・見守りだけの場合も含まれる場合。
	文例	・認知症で洗い方を忘れ、本人だけでは何もしないため、妻の見守りや声かけが必要。妻がスポンジを手渡し、声かけを行えば自分で洗う。 ・週2回は、家族が背中を洗い、他は自分で洗う。その他の週1回は、家族が不在のため長いブラシを使ってなんとか自分で行う。頻度により「一部介助」を選択。 ・独居のため自分で洗身するが、90度近くの円背で肩も痛みがあり届きにくい。臭いもあり2週間前に入浴した時も肩が痛く洗えていないとのことで「不適切」と判断。背中などを介護者が洗う介助が必要と判断し「一部介助」を選択した。 **実際の方法が不適切と考えられる場合は、不適切な理由を記載した上で、あるべき介助方法を選択する** ・週2回、デイサービスで入浴。肩に拘縮があり背中が洗えないため、職員が背中を洗い他は自分で洗う。
3.「全介助」	判断	一連の「洗身」のすべての介助がある場合。
	文例	・本人も少し洗うが、リウマチで指が変形し、力が入らずなでているだけで職員がすべて洗い直す。 **本人が洗っても介護者が洗い直す場合は「全介助」となる** ・指示が通らず、ただ本人はじっとしているだけですべて職員が洗身する。 ・寝たきりのため、施設で週2回、機械浴で全介助で行う。
4.「行っていない」	判断	日常的に洗身を行っていない場合。
	文例	・末期がんで体調が安定せず、看護師が週2回程度、蒸しタオルで清拭を行う。本人の体力が消耗するため、すべて看護師が行っている。 ・浴槽が壊れていて、シャワーが寒いため入浴はせず、週に2～3日清拭を行う。背中は肩が痛く妻が行い、前などは自分で拭く。特に不衛生な状況ではない。 **介助の手間がある場合は記載しておく**

1-11 つめ切り（介助の方法）

1.「介助されていない」　2.「一部介助」　3.「全介助」

定義　「つめ切り」の介助が行われているかどうかを評価する項目である。ここでいう「つめ切り」とは、「つめ切り」の一連の行為のことで、「つめ切りを準備する」「切ったつめを捨てる」等を含む。

聞き取り方の例

つめ切りはご自身でされていますか　　誰かにつめを切ってもらっていますか

注意すべき点

● 切断などで爪がないなどの場合は、四肢の清拭など類似の状況で評価する。

● 介助が不適切と調査員が判断した場合、不適切な理由を記載し、適切な介助方法を選択する。例えば、介護者不在や介護放棄や介護抵抗、介護者の心身状態から介助できない、本人の自立を阻害している場合などが考えられる。

◆判断ポイントと特記事項文例

選択肢		判断のポイント／特記事項の文例
1.「介助されていない」	判断	つめ切りの介助がない場合。
	文例	・力が入りにくいため介護用品のつめ切りを使い、なんとか自分で行う。 ・自分でヤスリを使って爪を手入れしている。
2.「一部介助」	判断	・一連の行為の一部に介助がある場合。 ・つめ切りに見守りや確認が必要な場合。 ・足か手の左右どちらかを介護者が切るなど一部を介護者が手伝う場合。
	文例	・独居。手のつめは自分で切るが、足のつめは何年も切っていないため長く伸び危なかった。腰が痛く、かがめないため、足のつめ切りの介助が必要と判断し「一部介助」を選択した。 ・足のつめは固くて娘が切るが、手のつめは自分で切る。つめを切った準備と後片付けは娘が行う。
3.「全介助」	判断	・一連の行為すべて介助されている場合。 ・本人が行ったすべてを介護者がやり直す場合。
	文例	・職員が手の爪を切る。糖尿病の壊死のため両足指の切断で足指の爪はないが、四肢を職員が拭くため類似の行為として判断し、「全介助」を選択。 ・認知症で意思疎通ができない。定期的に職員がすべて切る。 ・抗がん剤の影響で指先にしびれがあり、つめ切りが握れない。すべて息子が行う。 ・緑内障でほとんど目が見えないため妻が爪をすべて切る。

> 「つめ切り」の一連の行為のことで、「つめ切りを準備する」「切ったつめを捨てる」等を含む

3

第1群　身体機能・起居動作

1-12 視力（能力）

1.「普通（日常生活に支障がない）」　2.「約1m離れた視力確認表の図が見える」　3.「目の前に置いた視力確認表の図が見える」　4.「ほとんど見えない」　5.「見えているのか判断不能」

定義　「視力」（能力）を評価する項目である。ここでいう「視力」とは、見えるかどうかの能力である。認定調査員が実際に視力確認表の図を調査対象者に見せて、視力を評価する。

聞き取り方の例

眼鏡やコンタクトレンズをお使いではありませんか

生活の中で、文字が見えにくいなどはありますか

（新聞文字などの文字をみせて）これは見えますか

視力確認の流れ

調査時に名札を見せたら読めたり、「毎日、新聞を読んでいる」と聞き取ったりなど、視力の確認ができた場合は、以下の確認は行わなくてもよい。

① 新聞などの文字が自身の手にもった距離程度で見えるかどうかを確認する

② 1m離れたところの正面に「視力確認表」を置いて見えるかどうかを確認する

③ 目の前に視力確認表を置いて、見えるかどうかを確認する

注意すべき点

● 眼鏡やコンタクトレンズを使っている場合は、使った状況で判断する。

● 見えているかどうかを、会話だけでなく身振り、手話、筆談などでも確認する。

● 視力確認表は、本人の正面においた場合で確認する。視野狭窄や視野欠損等などで見えなくても視野内に置き直しは行わない。

● 見えたものを理解できていなくてもよい。

● 十分な明るさで見えるかどうかで選択する。

● 能力の項目なので、介助がある、日常生活で支障があるなどは選択に影響しない。

関連用語
網膜前膜‥‥‥‥‥ 網膜の表面に薄い膜ができる
黄斑変性症‥‥‥‥ 網膜の中心部である黄斑に障害が生じ、見えにくくなる
半側空間無視‥‥‥ 脳卒中など脳の損傷で、自分が意識して見ている片側の部分を認識できない状態のこと

◆判断ポイントと特記事項文例

選択肢		判断のポイント／特記事項の文例
1.「普通(日常生活に支障がない)」	判断	新聞、雑誌などの字が見える場合。
	文例	・左目が黄斑変性症で見えないが、右目のみで新聞の文字が見えたため「普通」を選択。左目が見えないため、人にぶつかりそうになる時がある。 〔片方の目でも見えればよいとされる〕 ・調査時も新聞のテレビ欄の文字が見えた。白内障の手術で改善され、日常生活に支障はなくなった。 ・糖尿病で目が見えづらかったが、手術で普通に見えるようになった。調査時の名札を読めたので「普通」を選択。
2.「約1m離れた視力確認表の図が見える」	判断	新聞・雑誌等の字が見え、日常生活に支障がない程度の視力がある場合。
	文例	・緑内障で視界が狭くなってきている。雑誌の文字は見えないが、本人の正面から1m離れたところの視力確認票が見えた。 ・意思疎通できず、聞き取りのみ。目が人を追い、前に置いた食べ物を取る時もあるため、1mで視力確認表が見える程度はできている。 〔意思疎通できず実際の確認ができない場合などは、介護者から聞き出すようにする〕 ・目にもがんができ、抗がん剤で散らしたため左目が見えないが、右目のみで眼鏡をつけ、視力確認表が1m離れたところで見えた。小さい文字は見えないので書類などは妻に読んでもらう。
3.「目の前に置いた視力確認表の図が見える」	判断	約1m離れた視力確認票の図は見えないが、目の前に置けば見える場合。
	文例	・脳梗塞により半側空間無視で左側の物を認識できず、歩行時にぶつかり、危ない。1mの距離での視力確認表は見えないが、目の前の視力確認表は見えた。 ・緑内障で視野狭窄があり外側半分が見えないが、目の前で視力確認表が見えた。薬の袋の表示が見えないため、クスリを飲む際は介助が必要。 〔片方だけしか見えなくても、見えれば「見える」を選択〕 ・視界がぼんやりし、白内障で細かい文字は見えないが、目の前に置いた視力確認表の図を判別できたため「目の前に置いた視力確認表の図が見える」を選択。 ・意思疎通できず。口の前に食べ物をもっていけば口を開けるため「目の前においた視力確認表が見える」程度は見えていると介護者から聞き取る。 〔意思疎通ができない場合でも、なるべくどの程度まで見えているのかを聞き出して選択する〕
4.「ほとんど見えない」	判断	正面の目の前に置いた視力確認表の図が見えない場合。
	文例	・緑内障が進み、明るさはわかるがほとんど見えず、目の前においた視力確認表が見えなかったため「ほとんど見えない」を選択。手探りで生活し、日常生活は習慣で行うが、外出は付き添いが必要である。 ・先天性の全盲のため目の前でも視力確認表が見えなかったため「ほとんど見えない」を選択。日常生活は自分で行うが、買い物や掃除はヘルパーにお願いしている。
5.「見えているのか判断不能」	判断	認知症などで意思疎通できず、見えているか判断できない場合。
	文例	・入所時から認知症などで意思疎通できず、見えているかわからず人を目で追うこともなく、職員も判断が不能とのこと。 ・人が前にいても目は合わず、意識障害があり、全く発語もないため職員も判断ができないとのことで「見えているか判断不能」を選択した。

3

第1群

身体機能・起居動作

1-13 聴力（能力）

1.「普通」 2.「普通の声がやっと聞き取れる」 3.「かなり大きな声なら何とか聞き取れる」
4.「ほとんど聞こえない」 5.「聞こえているのか判断不能」

定義
「聴力」（能力）を評価する項目である。ここでいう「聴力」とは、聞こえるかどうかの能力である。認定調査員が実際に確認して評価する。

聞き取り方の例

耳の聞こえ具合は
どうですか

聞こえなくて困っている
ことはありませんか

補聴器を使っていますか

> 補聴器などを使用している場合は、使用している状況について判断を行う

注意すべき点

● 聞いた内容を理解していなくてもよい。

● 聞こえやすい場所での能力で選択する。

● 普通の声で聞こえない場合は大声で言う、耳元で話すなどを行い、どの程度まで聞こえるのか確認する。

● 認知症などのために意思疎通ができない場合、すぐに「判断できない」を選択するのではなく、なるべく日頃の状況を聞き取って選択する。

● 聴力の確認は、会話だけでなく、身振りなどあらゆる点から評価する。

● 日頃補聴器などを使っている場合は使っている状況で選択する。ほとんど使っていない場合は使っていない状況で選択する。

Column

用語は正しく

　例えば、「認知症がある」「認知症状がある」という意味のことを、日々専門職同士の会話で「認知がある」と略していて特記事項にもうっかり記してしまうと、これは「認知機能がある」という意味になってしまいます。

　また、ほかに「成年後見制度」のことを「成年後見人制度」と間違えるケースもあるようです。正しい表記を心がけ、誤字のないようチェックすることも必要です。

◆判断ポイントと特記事項文例

選択肢		判断のポイント／特記事項の文例
1.「普通」	判断	日常生活において支障がなく普通に聞き取れる場合。
	文例	・本人は「耳は遠い」というが、普通に会話ができた。調査時も問題がなく、家族からも聴力に問題はないと聞き取り「普通」を選択した。 ・昔から難聴で最近特にひどいが、日常的に補聴器を使い普通に聞こえる。 ・普通の声で聞き取ることができる。 ・意思疎通できない。家族によると、声に反応するので普通に耳は聞こえているとのこと。
2.「普通の声がやっと聞き取れる」	判断	普通の声で話すと聞き取りにくく、聞き間違えたりする場合。
	文例	・少し大きめの声で話せば聞こえるが、普通の声だと聞き間違えたりする。 ・意思疎通が難しいが、職員曰く、音がすれば反応があり、耳が少し遠い程度とのこと。 ・調査時は耳の調子がよく、普通の声で聞こえていたが、普段は遠い時があり聞こえにくい。 ・耳が少し遠く聞き直すことが多い。やっと聞き取れる。
3.「かなり大声なら何とか聞き取れる」	判断	耳元で大きな声で話す、耳元で大きな物音を立てると何とか聞こえる、あるいは、かなり大きな声や音でないと聞こえない場合。
	文例	・調査時に、耳元で大きな声で何度も話せば聞こえた。日頃も家族が耳元で大声で話す必要があり、コミュニケーションが取りづらいとのこと。 ・認知症で意思疎通できず本人から確認できないが、耳元で大きな物音を立てると反応があり、看護師曰く「かなり大声なら聞き取れる」とのことで選択。
4.「ほとんど聞こえない」	判断	ほとんど聞こえないことが確認できる場合。
	文例	・日頃から、普段も筆談で伝えるのみで、耳元で大声で話しても聞こえないとのこと。調査時にも、耳元近くで大声で話したが聞こえなかったため、筆談で伝えた。 ・家族曰く、耳元で何を言っても頷くのみとのこと。聞こえておらず適当に頷くため、大切なことは筆談で伝えている。
5.「聞こえているのか判断不能」	判断	認知症などで意思疎通ができず、聞こえているのか判断ができない場合。
	文例	・職員も何年も意思疎通ができず、音がしても全く反応がないため、聞こえているか判断不能とのこと。調査時も耳元で呼びかけるが反応がなく判断できない。 ・意識障害があり、話しかけても全く反応がない。音にも反応がなく、聞こえているのかわからない。

> 認知症などで会話ができない場合も、できるだけ日頃のエピソードを聞き出し「判断不能」以外を選ぶ

3

第1群

身体機能・起居動作

第2群

生活機能（12項目）

> 第2群は、ベッドやいすに移る、食事を取る、顔を洗うなどの日常生活を送る上で必要な動作や、外出頻度に関して調査を行う項目のグループです。このグループの評価軸は、主には「介助」です。ただし、「2-3 えん下」は「能力」を、「2-12 外出頻度」は「有無」を評価します。

「2-12」以外の共通の注意点

- 時間帯や体調によって介助方法が異なる場合は、調査日から**概ね過去1週間**の状況で判断する。その際に、日頃の状況との違いや、判断の根拠などを具体的に特記事項に記載する。
- 福祉用具や器具類を使っている場合は、その状況で選ぶ。
- 行為自体がない場合は、その状況を特記事項に記載する。
- 介助なく動作・行為自体はできても、認知症があるため「確認」「指示」「声かけ」などの見守りが必要な場合は、選択肢は「見守り等」を選択する。
- 実際の状況とは異なるが「介助が必要」あるいは「介助が必要ではない」と判断した場合は、より適切と考える選択肢を選び、不適切な理由を書く（実際の状況と異なる選択肢を選ぶには、下記のような説得的な理由が必要）（「2-3 えん下」以外）。

  ・「介助が必要」と考えられるのは、①独居で介助者がいない、②介助者はいるが、介護放棄や介護抵抗がある、③介助者が介助できない事情がある、などのケース。
  ・「介助が必要ではない」と考えられるのは、自分でできそうなのに本人の自立を阻害しているものがあるケース。

- 転倒などがある場合は、特に注意して記載する（「2-3 えん下」以外）。

Point！　選択肢の「見守り等」は身体に直接触れないのに対し、「一部介助」は身体に直接触れることです。

コラム
調査員に対する
クレームへの予防策

気をつけていても調査対象者や家族から、クレームや不満が寄せられることがあります。多くは説明不足がもとになるようです。ここでは比較的多い声と、そうしたクレームが出ないようにする予防策についてご紹介します。

- 話を聞いてくれなかった
- 事務的な対応で、介護の大変さをわかってもらえなかった

予防策 事務的にならないよう、できるだけ話を聞き、介護者をねぎらいます。その際、「聞いた内容を（特記事項に）しっかり記載する」と説明します。

- 前はしたのに、動作確認をしなかった
- しっかり聞き取りしてくれなかった

予防策 第1群の確認動作はなるべく行っていただくようにします。動作確認ではなく聞き取りで行う場合は、そのように判断した理由を伝えます。

- 介護の時間が増えたのに、介護度が下がって納得がいかない
- 状態が変わっていないのに、介護度が下がるとサービスが使えなくなる

予防策 介護認定は、認定調査だけで決まるのではなく、主治医の意見書と併せて、審査会が決める旨を伝えます。また、認定調査時には、介護度の予想を伝えてはいけません。結果に納得できなければ、あらゆる点に不満を持たれます。そのため、調査時の言動には注意を払いましょう。

- 毎回同じことを聞かれる
- 同じ役所から来ているのだから、しっかり情報共有してほしい

予防策 更新や区分変更の際には、調査を始める前に「規則で前回の情報は共有できないため、調査はイチから聞き取りを行う」ということを説明しておきましょう。

- 認知症に配慮がない　● 認知症扱いをされた

予防策 家族などにBPSD関連（第4群）の質問をする際には、なるべく本人とは別の場所で話を聞くようにします。やむをえず本人の前で話を聞く場合も、言葉を選んで気分を害さないようにできるだけ配慮します。

- デイサービスなどを勧められた。営業かと思った

予防策 調査員はサービスの説明はしてはいけません。サービスの説明はトラブルのもとです。サービスについては、地域包括支援センターか担当のケアマネジャーに相談するよう伝えます。

2-1 移乗（介助の方法）

1.「介助されていない」　2.「見守り等」　3.「一部介助」　4.「全介助」

定義

「移乗」の介助が行われているかどうかを評価する項目である。ここでいう「移乗」とは、「ベッドから車いす（いす）へ」「車いすからいすへ」「ベッドからポータブルトイレへ」「車いす（いす）からポータブルトイレへ」「畳からいすへ」「畳からポータブルトイレへ」「ベッドからストレッチャーへ」等、でん部を移動させ、いす等へ乗り移ることである。清拭・じょくそう予防等を目的とした体位交換、シーツ交換の際に、でん部を動かす行為も移乗に含まれる。

聞き取り方の例

車いすを使用していますか

ベッドやトイレから車いすへの乗り移りはご自身でしていますか。誰かに手伝ってもらいますか

どんな手伝いをしてもらっていますか。車いすを差し入れてもらうなどがありますか

注意したい点

- 義足や装具、歩行器等の準備は「移乗」とはならない。
- いすを使わない生活をしていて、畳に座っている時に両手をついて腰を浮かせる行為は「移乗」には含めない。
- 寝たきりのため、体位変換やシーツ交換時に**臀部を動かす行為**は「移乗」と考える。

◆判断ポイントと特記事項文例

選択肢		判断のポイント／特記事項の文例
1.「介助されていない」	判断	移乗の介助がされていない場合。
	文例	・車いすを利用し、自分で肘かけをつかみ行っている。 ・車いす、トイレの便器への移乗は自分で行う。2日に1回のお風呂のいすへの移乗は、滑るため娘に腕などを支えてもらう。頻回状況により「介助されていない」を選択。 ・ベッドの両脇にある2本の移乗バーを使用したり手すりをつかんだりすれば、自力で移乗できるため「介助されていない」を選択。

70

選択肢		判断のポイント／特記事項の文例
2.「見守り等」	判断	・常時付き添いの必要がある見守りがされている場合。 ・認知症高齢者などに対して「確認」「指示」「声かけ」等を行っている場合。 ・介護者が本人の身体に触らず、車いすをお尻の下に差し入れる場合。
	文例	・毎回移乗時には、職員が車いすをベッド横につけ、本人が立ち上がった際に車いすを差し入れたり、引いたりしている。【介護者が本人の身体に触らず、車いすを差し入れる場合「見守り等」を選択する】 ・車いすへの移乗は、5回に1回はバランスが取りづらく職員が支えるが、その他は転倒しないように横に付き添い、見守りで移乗する。頻回状況により「見守り」を選択。 ・独居。家では介助されていないが、週1回程度、移乗時に転倒し、あざや打ち身がある。デイサービスでは職員が転倒しないように横に付き添う。日頃も見守りが必要と考え「見守り等」を選択する。 ・認知症のため、座る際にどう座るかわからないことがあり、指示や声かけを行い誘導し、いすを引くなどを職員が行う。
3.「一部介助」	判断	自分では移乗ができないために、介助者が手を添えたり身体を支えたりする場合。
	文例	・通常はコールで職員を呼び、職員が腕などを支える「一部介助」で移乗するが、体調のよいとき（週1回程度）は「介助なし」で移乗する。より頻回な状況から「一部介助」を選択する。 ・浴槽のいす（週2回）への移乗はすべるため、抱えられて行うが、車いすや便座への移乗などは職員に腕を支えられて行うことが多い。頻回状況から「一部介助」を選択した。 ・ふらつきがあるため、妻に腕を支えてもらって移乗している。
4.「全介助」	判断	自分では移乗ができないために、介助者が抱える、運ぶなどをしている場合。
	文例	・重度の寝たきりで移乗はほとんどないが、褥瘡予防のために介護者が体位変換の際に介護者が臀部を抱え込んで動かすため「全介助」を選択。 ・肺炎で体調が悪く1週間移乗はないが、筋力低下し、両膝も拘縮があるため自分では移乗できないため「全介助」を選択した。 ・日増しに立つ力がなくなり、足は床に少しつくが、体重のほとんどを夫に支えてもらって行うため「全介助」を選択した。 ・2人がかりで抱えてストレッチャーなどへ移乗している。 ・自分の足では力が入らず、夫が全体重を背中で抱えて移乗している。

一部介助・全介助の違い

「一部介助」は一部の体重を支え、「全介助」はほとんどの体重を支えることです。

2-2 移動（介助の方法）

1.「介助されていない」　2.「見守り等」　3.「一部介助」　4.「全介助」

定義　「移動」の介助が行われているかどうかを評価する項目である。ここでいう「移動」とは、「日常生活」において、食事や排泄、入浴等で、必要な場所への移動にあたって、見守りや介助が行われているかどうかで選択する。

聞き取り方の例

- 食事やトイレの移動はご自身でできますか。誰かに手伝ってもらいますか
- 歩く時に支えてもらうなどありますか
- 車いすの自走時に、段差などを職員さんに手伝ってもらいますか
- 全部の体重を支えての介助ですか

注意したい点

- 移動に介助が行われているかを評価し、移動手段（車いす、歩行器、ストレッチャーなど）は問わない。
- 車いす等を使う場合は、移ってからの行為で選択する。
- この項目で評価するのは、**外出時の移動ではなく**、日頃の室内の移動についてである。ただし、評価には影響しないが、外出時の状況も特記事項に記載する。
- 身体的な点での「見守り」は遠くからの見守りだけでは「見守り」とはならない。**本人との近距離での見守り**が必要。認知症での声かけは、近距離でなくてもよい。

「移動」の一部介助は少しややこしい

腕など身体の一部を支えてもらう場合や、車いすでの一走行の一部を介護者に押してもらう場合は「一部介助」となります。
また、車いすで移動する際に、一走行中に「自走」「介護者が押す」が両方ある場合は「一部介助」となりますが、ある時は「自走」、またある時は「介助者が押す」などの一走行ごとに異なる場合は頻度の多い介助方法で選びます。

◆判断ポイントと特記事項文例

選択肢		判断のポイント／特記事項の文例
1.「介助されていない」	判断	移動の介助が行われていない場合。
	文例	・週1回通院時の外出は、車いすを押してもらうが、自宅内では杖を使用して自力で移動するため「介助されていない」を選択。 **過去1週間で頻回な状況・日頃の状況で選択する** ・日中は自力で周りのものをつかみ移動し（1日7〜8回）、夜間は足元が危ないため、娘に後ろから支えられて移動する（1日4回）。日中の頻度が高いため「介助されていない」を選択。 ・車いすを使用。右麻痺があって右手が使えないため、日頃は自分の左手でこぎ、左足で蹴って自走する。 **車いす等を使用する場合は、移乗した後の移動で選択する**
2.「見守り等」	判断	・常時付き添いの必要がある見守りがされている場合。 ・認知症高齢者などに対して「確認」「指示」「声かけ」等を行っている場合。 **単に歩行が危ないという理由の見守りでは、近距離での見守りでなければあてはまらない**
	文例	・転倒が多いため、常時家族が横に付き添い見守りありで行う。 ・認知症で、トイレの場所がわからず自室に戻れないため、常時職員が声かけや誘導を行う。 **認知対応での「見守り等」は近距離と限定されていない** ・独居であり自分で移動するが、転倒が週1回程度あり、最近も顔を打撲した。不適切な状況と判断し見守りが必要と考え「見守り」を選択。 **勘案する場合は、転倒が多い、家族が介護できないなどの説得的な理由が必要**
3.「一部介助」	判断	介護者が手を添える、体幹を支える、段差で車いすを押すなどの介助がされている場合。
	文例	・トイレや食堂、自室の場所がわからず、移動の際は毎回職員が手引歩行をしている。 ・車いすを利用し、段差やスロープなどの一部や狭いトイレ内は職員が押し、廊下などは自走する。 **一走行の間に一部分介助がある場合「一部介助」となる** ・自宅では、下肢筋力の低下で、這って移動する。週3回のデイサービスでは職員に支えられて移動する。妻も足腰が悪く支えられない。自宅でも腕などを支えられることが必要と判断して「一部介助」を選択。
4.「全介助」	判断	自力では移動ができないために、移動の行為のすべてに介助が行われている場合。
	文例	・車いすを自走する時と職員に押してもらう時の頻度が、直近1週間で同じ程度あるが、がんの病状は悪化しており、職員が押す頻度が増えているため「全介助」を選択する。 **回数が半々の時はどちらかを選択し、その理由を記載する** ・室内では家族が車いすを押す。外出時は電動車いすを自分で操作して自走する。 **外出時の移動は含まれないため、室内の介助方法で選択** ・両膝の拘縮のため、リクライニング車いすを使用。寝たきりで意思疎通が取れず、自走もできないため、職員が車いすを押す。 ・心不全で入院。心拍の乱れがあり体調も悪く、入院後はストレッチャーを職員が押す。 ・移動は、透析時（週3日）と洗身時（週2日）のみで、車いすを看護師に押してもらっている。ベッド上で過ごしオムツ対応なので他の移動はない。 ・医学的な理由から動かすことは禁止されていて、この1ヶ月移動はない。

3

第2群

生活機能

2-3 えん下（能力）

1.「できる」　2.「見守り等」　3.「できない」

定義　「えん下」の能力を評価する項目である。ここでいう「えん下」とは、食物を経口より摂取する際の「えん下」（飲み込むこと）の能力である。能力の項目であるが、必ずしも試行する必要はない。頻回に見られる状況や日頃の状況について、調査対象者や介護者からの聞き取りで選択してもよい。

聞き取り方の例

飲み込み時にむせはありますか

飲み込みにくいことはありますか

注意したい点

- 咀しゃく（噛むこと）や口腔内の状況ではなく、飲み込みを評価する。
- この項目は飲み込みができるかを評価するため、食物を口に運ぶ行為は、「2-4 食事摂取」で評価する。
- 形状（きざみ、ミキサー食、ソフト食など）によって飲み込みの能力が異なる場合は、直近1週間の頻度で選択する。
例えば、自宅では飲み込みできなかったが、入院し、とろみなどの食事形態に変わったことにより、飲み込みできるようになった場合は、現在の状況（できる）で選ぶ。

関連用語
誤嚥性肺炎………… 食べ物や唾液での誤嚥で起こる肺炎
経管栄養…………… 飲み込みづらくなり口から食べることが困難になったことから、胃や腸に直接管を通して栄養補給すること（胃ろう・腸ろう・経鼻経管がある）

第2群の中で「えん下」だけが能力を問う項目

この項目は「能力」の項目です。「介助の方法」を問う他の項目とは異なり、「飲み込みできるかできないか、飲み込みにくいか」で選択するので注意が必要です。また、食事形態は選択に影響しません。とろみでもミキサー食でも、問題なく飲み込みができれば「できる」となります。

◆判断ポイントと特記事項文例

選択肢		判断のポイント／特記事項の文例
1.「できる」	判断	えん下に問題がなく、自然に飲み込める場合。
	文例	食事形態は選択に影響しない ・ミキサー食をむせもなく飲み込みできている。 ・2週間前に入院。自宅では普通食でむせがあったが、病院でとろみ食になり、飲み込みできるようになった。　状況が変わった場合、現在の状況で選択する ・念のため見守りを行うが、むせがなく飲み込みはできている。　見守りを行っているかは評価に影響しない。飲み込みに問題なければ「できる」を選択する
2.「見守り等」	判断	・「できる」「できない」のいずれにも含まれない場合。 ・必ずしも見守りが行われている必要はなく、飲み込みにくい場合。
	文例	・脳梗塞のため口に麻痺があり、なかなか飲み込めない。ムース食でも毎食むせがあり、飲み込みにくい。 ・口の中にため込み、唾液の分泌が少なく、なかなか飲み込みできない。 ・2ヶ月前に誤嚥性肺炎になり、毎食むせる。飲み込みにくく職員の見守りでゆっくりと食事をしている。 ・胃ろうを外し、1週間前から経口食に変わったばかりで、えん下のリハビリ中である。理学療法士が食事を口まで運び、見守りを行う。 ・独居のため、一人で食べるが最近飲み込みにくく毎食むせがある。　見守りの介助の有無はここでは関係しない。飲み込みにくければ「見守り等」を選択する
3.「できない」	判断	・えん下ができない場合。 ・誤嚥の恐れがあり、経管栄養（胃ろうを含む）や中心静脈栄養が行われている場合。
	文例	・がんが進行し、かなり体調が悪く口からの摂取が困難な状態。中心静脈栄養のみで看護師が行っている。 ・脳血管障害の後遺症でえん下障害かあり、胃ろうからの栄養注入を行う。 ・脳梗塞の後遺症により、えん下困難になったため、経鼻カテーテルを挿入し、経管栄養で摂取している。

3

第2群

生活機能

2-4 食事摂取（介助の方法）

1.「介助されていない」 2.「見守り等」 3.「一部介助」 4.「全介助」

定義
「食事摂取」の介助が行われているかどうかを評価する項目である。ここでいう「食事摂取」とは、食物を摂取する一連の行為のことである。通常の経口摂取の場合は、配膳後の食器から口に入れるまでの行為のことである。また、食事摂取の介助には、経管栄養の際の注入行為や中心静脈栄養も含まれる。

聞き取り方の例

- お食事はご自身で食べていますか
- ご飯を食べる時にご家族が口まで運ぶことはありますか
- 食卓の上で、ご家族に皿の位置を変えてもらったり、食べやすい大きさに切ってもらったりしていますか

注意したい点

- 食事量が適切かどうかは評価に影響しない。食べる時の介助で選ぶ。小食でも自分で食べていたら「介助されていない」となる。
- 食べる時の状況で選択し、食事前の準備（調理、配膳、エプロンをかける、いすに座るなど）や、食事後の後片付け、食べこぼしの掃除は評価に含めない。
- 経管栄養、中心静脈栄養の介助は、食事介助とみなす。経管栄養などが介助されている場合は「全介助」を選ぶ。

「一部介助」は配膳後か配膳前がキモ

「一部介助」は、配膳後か配膳前かで評価します。本人の食事中である「配膳後」に、介護者が魚の骨を取ったり切り分けたりなどを行えば「一部介助」となります。こうした処理を、配膳前にキッチンで行う場合は、「介助されていない」を選択します。

◆判断ポイントと特記事項文例

選択肢		判断のポイント／特記事項の文例
1.「介助されていない」	判断	食事摂取時に介助がされていない場合。
	文例	・体調が悪く食欲がなく、1日1回のみ、自分で食事を摂取する。 ・職員が配膳すれば、介護用の箸を使い自分で食べている。 ・施設の食堂で入所者全員の見守りがあるが、本人には特に声かけや指示など必要なく自立しており、「介助されていない」を選択。 ← 職員が個人ではなく全体を見ている場合は「介助なし」となる ・低血圧で体調が悪い朝は、職員が口まで運ぶが、昼夜の食事は自分で食べている。 ← 朝昼夜等の時間帯で介助方法が異なる場合は、頻度の多い介助方法で選択する
2.「見守り等」	判断	・食事の介助が行われていないが、常時「見守り等」がされている場合。 ・食事中に介助者が「確認」「声かけ」「皿の置き換え」などを行う場合。
	文例	・異食があり、バナナの皮を食べたり、冷たいものと熱いものを混ぜたりするため、介護者が確認して声がけし、見守りを行う。 ・箸やスプーンの使い方を忘れるため、妻が声かけを行う。 ・なかなか食事を始めようとしなかったり、途中で立ち上がったりなどがあり、娘が食事を促す声かけや見守りを行っている。
3.「一部介助」	判断	・食卓で介助者が魚の骨を取ったり肉を切ったりなどする場合。 ・途中までは自分で食べるが、途中から職員が口まで運ぶ場合。
	文例	・脳梗塞で右手指に麻痺があり右手が使えないため、家族が皿を置き換えたり、魚の骨を取ったり、フォークで食べ物を刺して渡したりなど行う。 ← 配膳後に、食卓上で切るなど行えば「介助あり」となる ・食べ方を忘れるのか食べ始めないため、二口目まで妻が本人の口元まで運ぶと、思い出したように残りは自分で食べる。 ・パーキンソン病の影響で手に振戦があり、食べ物をフォークで刺しにくく、職員が刺して渡せばなんとか自分で口まで運ぶ。 ・半分は自分で食べるが、途中疲れてしまうので職員が残りを口まで運ぶ。
4.「全介助」	判断	食事を取るのにすべて介助が行われている場合。
	文例	・食事を摂取せず、栄養ドリンクしか飲まないが、栄養ドリンクも家族が口まで運ぶ。両下肢の筋力が低下し、自分で口まで運べないと判断し「全介助」を選択する。 ・コップや箸、スプーンを持つ力がなく、腕が口まで上がらないため職員が口まで運ぶ。 ・週1～2回程度、自分で一口程度食べることもあるが、他の日は職員が口に運ぶことが多く、頻回状況より「全介助」を選択。 ・飲み込みが困難なため、看護師が1日3回、胃ろうによる栄養注入を行っている。 ← 経管栄養、中心静脈栄養の介助が行われる場合は、「全介助」を選択 ・経口摂取はなく、中心静脈栄養のみを行っている。経口摂取を全く行っていないため「全介助」を選択する。 ・食事を取っていない。点滴でブドウ糖やビタミンなどを補給している。 ← 食事を取らず点滴のみの場合は点滴の内容物で判断する。栄養補給の役割としているかどうか

3

第2群

生活機能

2-5 排尿（介助の方法）

1.「介助されていない」 2.「見守り等」 3.「一部介助」 4.「全介助」

定義
「排尿」の介助が行われているかどうかを評価する項目である。ここでいう「排尿」とは、「排尿動作（ズボン・パンツの上げ下げ、トイレ、尿器への排尿）」「陰部の清拭」「トイレの水洗」「トイレやポータブルトイレ、尿器等の排尿後の掃除」「オムツ、リハビリパンツ、尿とりパッドの交換」「抜去したカテーテルの後始末」の一連の行為のことである。

聞き取り方の例

トイレでの排泄はご自身でされていますか。尿もれはありますか

オムツ交換はご自身でしていますか

尿とりパッド交換は1日何回していますか

ポータブルトイレの処理（または尿カテーテル）は誰が行いますか

便器周りを汚すなどありますか

注意したい点

● 排泄方法、頻度、失敗の有無、昼夜の違い、何を使用するか（オムツ、リハビリパンツ）などを記載する。

● 行為自体が発生しない場合は、日頃の状況の具体的な内容を記載する。

● ポータブルトイレ、尿器、尿カテーテルは一括処理でもその都度の処理でも「排尿後の後始末」となり評価する。

● 1日1回以上、尿をトイレ周りにこぼし、掃除が必要であれば「一部介助」とする。

● 衣類を汚した場合が多ければ不適切となる場合もあるが、基本は衣類を汚した場合の着脱の手伝いは「2-11 ズボン等の着脱」で評価する。

関連用語
自己導尿……………… 自分で膀胱内にカテーテルを挿入し、尿を出すこと
尿路感染症………… 腎臓、尿管、膀胱、尿道などに細菌感染する病気。点滴治療が多い
糖尿病……………… 血糖値を下げるインスリンがうまく作用せず、血糖値が高い病気
カテーテル………… 医療行為に用いる柔らかい管
前立腺肥大症……… 前立腺が肥大し、尿の出が悪くなる症状
頻尿………………… 通常より排尿の回数が多いこと
透析………………… 腎臓の機能を人工的に代わりに行うこと

◆判断ポイントと特記事項文例

選択肢		判断のポイント／特記事項の文例
1.「介助されていない」	判断	排尿の介助が行われていない場合。
	文例	・尿とりパッドを使用し、交換も自分で行う。1日1回、トイレで一連の行為を行う。オムツやパッドはゴミ箱に捨てるのが面倒なのか、トイレ内の隅に置き、家族が捨てる。 オムツやパッドの片付けは一連行為にあてはまらない ・尿カテーテルが挿入され、自分で準備も後片付けも行う。 バッグ内の処理を自分で行う場合は「介助されていない」となる ・尿もれなし。日中はトイレで排尿（1日6～7回）し、夜間はポータブルトイレを使用（1日1～2回）する。処理は家族が行う。トイレでの頻度が多いため「介助されていない」を選択。 家族が尿処理するポータブルトイレだけを使えば「一部介助」となるが、介助なく自分がトイレに行く頻度が高いため「介助されていない」となる ・糖尿病で透析を行い、水分摂取も制限され、排尿が全くない。 排尿自体が全くない場合は、介助がないため「介助されていない」を選択する ・自動洗浄で、自分でズボンの上げ下げを行い、陰部を拭く。パッド交換（1日1回）や衣類を汚した際の着脱（2～3日に1回）は妻が手伝うが、頻回状況により「介助されていない」を選択。 衣類の着脱の手伝いは「2-11 ズボン等の着脱」で評価する
2.「見守り等」	判断	・常時付き添いの必要がある見守りがされている場合。 ・認知症高齢者などに対して「確認」「指示」「声かけ」等を行っている場合。
	文例	・1日1回、家族がリハビリパンツの交換を行う。認知症があり、流し方を忘れたり、便器内に手を入れたりするため、声かけや見守りを家族が行う。頻度により「見守り等」を選択。 ・トイレに行くタイミングがわからない。定期的に声をかけ誘導すれば自分でトイレに行き、一連行為を行う。 認知症高齢者をトイレ誘導する場合も「見守り等」を選択する ・独居。自分でトイレに行くが、パッドをし忘れ、衣服から尿臭があり、「不適切」な状況と判断した。声をかければパッド交換もでき「見守り等」が必要と判断し、選択した。

いろいろなトイレを使う場合

<尿器、尿瓶、ポータブルなどを使用する場合>
処理回数は関係ありません。1日1回でもその都度の処理でも、同じ扱いになります。

<トイレと尿器・ポータブルトイレを昼夜で使い分ける場合>
頻回状況により選択します。

選択肢		判断のポイント／特記事項の文例
3.「一部介助」	判断	排尿の一連の行為に部分的に介助が行われている場合。
	文例	・尿もれがあり、リハビリパンツを使用し自分で交換。トイレまでの歩行が不安定のため、ベッド横のポータブルトイレを使用。排尿行為は自分で行うが、処理は家族が行うため「一部介助」を選択。 ・1日1回のパッド交換も自分で行う。ベッド上で自分で尿瓶で尿を取り、尿の処理は家族が行う。 ・トイレで本人がズボンの上げ下げを少し行うが、ズボンが上げきれずに職員が引き上げ、陰部の清拭、水洗も職員が行う。 ・トイレでの一連行為は、介助なく自分で行う。左麻痺のため動作がしづらく、床に尿が飛び散る量が多い。家族は1日2〜3回、床を拭くため、「一部介助」を選択する。 〔日常の掃除以外に、1日1回以上の掃除などが必要な場合は「一部介助」を選択する〕 ・日中は自分でトイレで行うが、最近物忘れがひどく、毎回流し忘れるので娘が流す。夜間はオムツ対応で、娘がオムツを交換する（朝晩に交換）。日中の頻度が多いため、頻回状況で「一部介助」を選択。 ・認知症があり、トイレでの排泄行為がわからなくなっているが、介助を頼めず下着に漏らしてしまう（1日4〜5回）。パッドをし忘れる、付け方がわからないなどもある。パッドを付ける手伝いや、排泄行為への介助が必要と考え「一部介助」を選択した。
4.「全介助」	判断	排尿の介助のすべてが行われている場合。
	文例	・寝たきりでベッド上でのオムツ交換は職員が行う（1日7〜8回）。尿路感染症になりやすいため、1日1回は看護師が陰部を洗浄する。 ・尿カテーテルを使用し介護者が尿の処理を行う（1日2回）。 ・左半身麻痺があり、トイレで本人は手すりにつかまっているのが精一杯なため、下衣の上げ下げや陰部の清拭、水洗は職員が行う。リハビリパンツ交換も職員が行う。 ・尿意なし。定時でトイレに誘導し、一連行為を職員が行うが、尿をリハビリパンツに出していることが多く、1日5〜6回のパンツ交換も職員が行う。

声かけの中身によって評価項目が違う

トイレの場所を教える声かけは「2-2 移動」の「見守り等」となり、トイレに行くタイミングの声かけの誘導は「2-5 排尿」の「見守り等」として評価します。

コラム

尿器・尿カテーテル・ポータブルトイレをどう考える？

使うものが尿器なのか、尿カテーテルか、ポータブルトイレかによって、判断が異なるため、注意が必要です。

[尿器、尿瓶の場合]
- 自分で尿を取り、介護者が処理　　➡「一部介助」
- 介護者が尿を取り、介護者が処理　➡「全介助」
  ※処理はまとめてしていてもその都度でも同じ扱い

[トイレと尿器を、昼夜で使い分ける場合]
- 昼7回、トイレで自分で排泄、夜2回、自分で尿器を使って排泄し、介護者が処理の場合　➡「介助なし」
  ※処理はまとめてしていてもその都度でも同じ扱い
  （「介助なし＝7回」＞「一部介助＝2回」と回数が多いほうで判断）

[尿カテーテル留置中の場合]
廃棄を誰が行うかで決まります。
- 介護者がすべて処理を行う場合　➡「全介助」
- 自分ですべて処理を行う場合　　➡「介助されていない」
  ※処理はまとめてしていてもその都度でも同じ扱い

[自己導尿の場合]
- 自己導尿し、廃棄は家族が行う　➡「一部介助」
- 自己導尿し、廃棄も自分で行う　➡「介助なし」
  ※処理はまとめてしていてもその都度でも同じ扱い

[ポータブルトイレの場合]
- 自分でポータブルトイレで排泄し、介護者が処理　　　　　　　　➡「一部介助」
- 介護者がポータブルトイレで介助を一部行い、介護者が処理　　　➡「一部介助」
- 介護者がポータブルトイレでの行為を全て介助し、介護者が処理　➡「全介助」
  ※処理はまとめてしていてもその都度でも同じ扱い

[トイレとポータブルトイレを、昼夜で使い分ける場合]
尿器と同様に、ポータブルトイレと他の方法と組み合わせて行う場合は、どの介助方法が頻度として多いのかで決まります。
- 昼7回、自分でトイレに行って排泄、夜2回、自分でポータブルトイレで排泄し、介護者が処理の場合　➡「介助なし」
  （「介助なし＝7回」＞「一部介助＝2回」と回数が多いほうで判断）

2-6 排便（介助の方法）

1.「介助されていない」 2.「見守り等」 3.「一部介助」 4.「全介助」

定義
「排便」の介助が行われているかどうかを評価する項目である。ここでいう「排便」とは、「排便動作（ズボン・パンツの上げ下げ、トイレ、排便器への排便）」「肛門の清拭」「トイレの水洗」「トイレやポータブルトイレ、排便器等の排便後の掃除」「オムツ、リハビリパンツの交換」「ストーマ（人工肛門）袋の準備、交換、後始末」の一連の行為のことである。

聞き取り方の例

トイレで排便する際、一連の行為はご自身で行っていますか

排便のときに周りを汚したりすることはありますか

オムツ交換はご自身でしていますか

ストーマ内の便の廃棄はご自身でしていますか

ストーマ等を使用している場合は、使用している状況で判断する

注意したい点

- 排便は、排泄方法、頻度、失敗の有無、昼夜の違いなどを記載する。
- トイレの日常的な掃除は介助とされない。
- ポータブルトイレや排便器などの後始末は介助とされる。
- 浣腸や摘便の行為そのものは評価に含まないが、排便時の前後の準備や後片付けは含まれる。
- 失便して衣類を汚した時の着替えは、この項目では評価しない。「2-10 上衣の着脱」「2-11 ズボン等の着脱」で評価する。

Point! ポータブルのトイレのみの場合は、ポータブルの処理を介護者が行う場合、まとめて処理をしていても「一部介助」となります。すべて（排便行為、処理など）自分で行う場合は「介助されていない」を選択します。トイレとポータブル併用であれば、頻度で決まります。

関連用語
人工肛門（ストーマ）……腹部に作られた便の排泄口のこと。がんなどで腸や膀胱を切除した時に造設される
パウチ………………………便や尿をためる袋のこと
弄便…………………………便をもてあそぶこと
摘便…………………………自力で排便できない人の便を掻き出して出すこと

◆判断ポイントと特記事項文例

選択肢		判断のポイント／特記事項の文例
1.「介助されていない」	判断	「排便」の介助は行われていない場合。
	文例	・介助なくトイレで自分で行う。週1回程度汚れたパンツなどの着替えは妻が手伝う。 **失禁について、この項目では評価しない** ・自分で陰部の清拭、ズボンの上げ下げを行い、自動洗浄で流す。週1回は失敗を隠したがり、汚れたパンツを押し入れやカバンに隠すため、家族が探して洗う手間がある。 **頻度により「介助されていない」を選択。排便行為以外でも排便に関連する手間がある場合は記入する** ・排便行為はトイレで自分で行っている。月1～2回便秘がひどい場合に、摘便を看護師に行ってもらう。 ・ストーマを造設している。パウチ交換や便の処理も自分で行っている。
2.「見守り等」	判断	・「排便」の介助は行われていないが、「見守り等」が行われている場合。 ・常時付き添いの必要がある見守りがされている場合。 ・認知症高齢者などに対して「確認」「指示」「声かけ」等を行っている場合。
	文例	・認知症が進み、弄便がある。便器に出た便を触ったり流し忘れたりもするため、声かけや見守りを行う。ズボンの上げ下げは指示がなくても行う。 ・認知症のため、定期的に声かけを行って誘導すれば、トイレで自分で行う。 **タイミングの誘導のみの介助は「見守り等」を選択する** ・トイレ動作を忘れることが多く、毎回職員が見守りながら本人が行う。パッドが汚れていないかどうかも職員が定期的に確認する（1日1～2回）。
3.「一部介助」	判断	「排便」の一連の行為に部分的な介助がされている場合。
	文例	・自分でズボンの上げ下げを途中まで行うが、その後のズボンの上げ下げ、陰部を拭く、水を流すなどは職員が行う。 ・なんとか自分で排便行為を行うが、左半身麻痺で動作が困難なため陰部を拭ききれず、毎回便器の外周りに便が付着している。妻が毎回、排便行為の後に掃除を行う。 **日常の掃除とは異なる1日1回以上の掃除が必要になる場合は「一部介助」を選択する** ・独居。一人でトイレで排便しているが、自分で行う清拭が不十分なため、毎回下着に便が付着している。右肩に痛みがあり、腕が後ろに届きづらいため、介護者が拭き直す介助が必要と考え「一部介助」を選択。 ・人工肛門を造設。便の廃棄やストーマ（人工肛門）袋の準備は自分で行うが、袋の交換は妻が行う。 **「ストーマ袋の準備、交換、後始末」の一連の行為も排便とされる** ・歩行が危ないため、ポータブルトイレで自分で排尿し、処理は看護師が行う。 ・自分でトイレに行くが、毎回流し忘れがあり、家族が流す。 **ポータブルトイレの処理も排便行為の一部になる。1日1回などまとめて処理していても介護者が行えば「一部介助」とされる**
4.「全介助」	判断	「排便」の介助のすべてが行われている場合。
	文例	・人工肛門を造設しており、便の廃棄やパウチ交換は看護師が行う。 ・排便時に転倒して以来、足腰が弱くなり、つかまらないと立位できないため、トイレで本人が手すりをつかまっている間にすべて看護師が行っている。 ・便が出にくいため、週1回の訪問看護で、看護師に便を掻き出してもらっている。下衣の上げ下げや便の処理、清拭も介助されており「全介助」を選択した。 **浣腸や摘便等の行為そのものは選択に影響しないが、これらの行為に付随する排便の一連の行為は含む**

3

第2群

生活機能

2-7 口腔清潔（介助の方法）

1.「介助されていない」　2.「一部介助」　3.「全介助」

定義　「口腔清潔」の介助が行われているかどうかを評価する項目である。ここでいう「口腔清潔」とは、歯磨き等の一連の行為のことで、「歯ブラシやうがい用の水を用意する」「歯磨き粉を歯ブラシにつける等の準備」「義歯をはずす」「うがいをする」等のことである。

聞き取り方の例

- 歯磨きはご自身でされていますか
- 入れ歯はご自身で外していますか
- 入れ歯は誰が洗っていますか
- 磨き直しは行いますか

注意したい点

- 洗面所の掃除は含まない。
- 入れ歯の場合、入れ歯の洗浄行為で評価する。
- 歯磨き粉をつけない歯ブラシや、口腔洗浄液を使っている場合も含む。
- 声かけ・見守りの場合は「一部介助」を選択する。
- 介護者が磨き直す場合は「全介助」となる。

入れ歯の扱いは？

自分で入れ歯を着脱して、介護者が入れ歯を洗う場合は「一部介助」となります。
介護者が入れ歯を着脱し、洗う場合は「全介助」となります。

◆判断ポイントと特記事項文例

選択肢		判断のポイント／特記事項の文例
1.「介助されていない」	判断	「口腔清潔」の介助がされていない場合。
	文例	・指先に力が入りにくく、自助具の歯ブラシを使って自分で磨く。 ・ふらつきがあるため、洗面台をつかみ自分で行う。 ・入れ歯も自分で着脱し、自分で洗浄する。 ・義歯も自歯もない。水を飲む際にゆすぐなどで口腔ケアを行うのみ。
2.「一部介助」	判断	・一連の行為に部分的に介助が行われている場合。 ・見守り等(確認、指示、声かけ)や磨き残しの確認が行われている場合。 ・義歯の出し入れはできるが、義歯を磨く動作は介護者が行う場合。
	文例	・1週間以上歯磨きを行っていない。独居のため介助がないが、認知症があり歯磨きを忘れる。調査時も歯石の汚れが見られ、不適切な状況と判断。歯ブラシを渡すなど声がけが必要と考え「一部介助」を選択。 　　**認知症がある人への声かけや指示は「一部介助」となる** ・入れ歯の着脱は自分で行い、洗浄は職員が行う。 　　**着脱は自分で行い、介護者が洗う場合は「一部介助」となる** ・本人が少し磨き、磨き残しは職員が行う。 ・足の骨折で歩行ができないため、コップや歯ブラシを家族がベッドサイドまで運ぶ。自分で磨き、後始末は家族が行う。 ・億劫がるため家族が促し、洗面台で家族が歯ブラシに歯磨き粉をつけて渡せば自分で磨く。タオルも家族が用意して手渡す。 ・日常動作を忘れていることが多い。磨き方を忘れていることが多く、横で妻が声をかけ、妻が磨く姿を見せれば思い出して自分で磨く。
3.「全介助」	判断	・すべて介助が行われている場合。 ・本人が行った箇所を含めて、介護者がすべてやり直す場合。
	文例	・介護者が歯を磨き口元までコップを運べば、自分でゆすぐ。 　　**すべてやってもらい、本人は口をゆすぐだけなのは「全介助」** ・両上肢に麻痺があり、口まで手が届かない。看護師が入れ歯を洗い、口の中を口腔スポンジできれいにする。 ・本人が磨くが、指先に力が入りづらく、歯ブラシを歯になでるのみで、再度介護者が磨き直す。 ・月1日程度自分で義歯を洗浄液に入れるが、日頃は外したがらず抵抗があり、なんとか介護者が口から外して磨く。頻回状況により「全介助」を選択。

3

第2群 生活機能

85

2-8 洗顔（介助の方法）

1.「介助されていない」　2.「一部介助」　3.「全介助」

定義
「洗顔」の介助が行われているかどうかを評価する項目である。ここでの「洗顔」とは、洗顔の一連の行為のことで、一連の行為とは、「タオルの準備」「蛇口をひねる」「顔を洗う」「タオルで拭く」「衣服の濡れの確認」等の行為をいう。また、「蒸しタオルで顔を拭く」ことも含む。

聞き取り方の例

顔はご自身で洗っていますか

顔を洗う時に誰かに手伝ってもらうなどはありますか

顔を洗う時に蛇口をひねってもらうことはありますか

声かけなくご自身で洗顔していますか

蒸しタオルはご家族が用意していますか

注意したい点

● 洗面所への誘導、移動、洗面所周辺の掃除は含まない。

● 顔を洗っていない場合は、蒸しタオルで拭くなどの類似行為で評価する。洗顔と類似行為を両方行っている場合は、洗顔の介助状況で選択する。

● 声かけ・見守りの場合は「一部介助」を選択する。

◆判断ポイントと特記事項文例

選択肢		判断のポイント／特記事項の文例
1.「介助されていない」	判断	「洗顔」の介助が行われていない場合。
	文例	・入浴時（2日に1回）に自分で顔を洗うのみ。昔からの習慣とのことで「介助されていない」を選択した。 ・腕が上がりにくいため自分でタオルを濡らし、顔を拭いている。 ・食事時に、看護師から顔を拭くための蒸しタオルを渡されるが、自分でも洗面所で顔を洗っている。 〔通常の洗顔行為がある場合は、代替行為は評価対象には含まない〕
2.「一部介助」	判断	・部分的に介助が行われている場合。 ・見守り等（確認、指示、声かけ）が行われている場合。
	文例	・声をかけないと行わず、促せば自分で洗顔する。衣服が濡れないよう家族が見守りを行っている。 〔声かけや指示、確認などの見守りは「一部介助」となる〕 ・歩行が不安定で洗面所での洗顔は困難。看護師が蒸しタオルを手渡せば、本人が拭く。 ・認知症のため、洗い方や拭き方がわからず、家族が指示して声かけを行う。 ・がんが進行し、体調が悪くて日中も横になっている。顔はほとんど洗えていないが、家族も仕事で不在がちであり、介助できていない。不適切と判断し、タオルを渡せば自分で拭けるため「一部介助」を選択。
3.「全介助」	判断	・すべての介助が行われている場合。 ・介護者が本人の行った箇所を含めてすべてやり直す場合。
	文例	・四肢麻痺で手指も動かせないため、介助者がベッド上で蒸しタオルを使って顔を拭く。 〔類似の行為で代替しており「全介助」となる〕 ・認知症が進み、意思疎通できず、指示も通らない。タオルを渡してもどう使うか理解できず、入浴時に介助者が洗っているのみ。 ・自分で拭くが、力が入らず、なでているだけなので介護者がすべて拭き直す。

「2-5 排尿」との声かけの違い

「2-5 排尿」では、本人がトイレのタイミングがわからないために、介助者がトイレに行くことを誘導するのは「見守り等」になります。一方、「2-8 洗顔」は、洗顔のために洗面所へ誘導するのは洗顔の見守り（一部介助）とはなりません。「2-8 洗顔」の見守りは、あくまで洗顔中の声かけになります。

2-9 整髪(介助の方法)

1.「介助されていない」 2.「一部介助」 3.「全介助」

定義 「整髪」の介助が行われているかどうかを評価する項目である。ここでいう「整髪」とは、「ブラシの準備」「整髪料の準備」「髪をとかす」「ブラッシングする」等の「整髪」の一連の行為のことである。

聞き取り方の例

髪はご自身でとかしていますか

(髪の毛がない場合)
入浴後などご自身で頭を拭いたりしますか

注意したい点

● 髪が短い、髪がない場合は、他の類似行為である。例えば頭を拭く、乾かすなどの行為で評価する。

● 適切かは見た目で判断し、聞き取りを行う。

● 声かけ・見守りの場合は「一部介助」を選択する。

Column

特記事項は状況が伝わるように

　何ができて、何ができないかを審査会に伝えることも大切です。選択肢のみの情報──「介助されていない」や「できる」だけでは、「本当はできないこともあるのに書き忘れでは」と思われることもあります。しかし、例えば、特記事項に「2キロ先の場所まで自転車で行ける」「炊事洗濯は自分で行っている」などの記載があれば、どの程度の自立であるかが伝わります。

　調査対象者がどういった状態にあるか、読んだ人が想像しやすい特記事項を作成することが大切です。その上で、なぜその人に介護が必要なのかという理由をできるだけ記載すると、その人の状態が伝わりやすくなります。

◆判断ポイントと特記事項文例

選択肢		判断のポイント／特記事項の文例
1.「介助されていない」	判断	介助が行われていない場合。
	文例	・とかしやすい整髪ブラシの自助具を使用し、自分で行う。 福祉用具や器具を使っている場合は使っている状況で選択する ・週1回程度、自分で髪をとく。 ・週2回の入浴時には職員がとくが、日頃は自分で手ぐしで髪をとく。
2.「一部介助」	判断	・部分的に介助が行われている場合。 ・見守りなど(確認、指示、声かけ)が行われている場合。
	文例	・腕を後ろに回しづらいため、職員が行うが、前は自分で行う。 ・認知症が進み、髪のとき方を忘れているため、声かけを行い、促して見守っている。 ・整髪料とブラシを家族が渡せば自分で行う ・独居。うつ症状があり、日常動作がつらいとのこと。自分で行っていると言うが、髪の毛の乱れや汚れで不適切な様子。家族からは「できていないと思う」と聞き取る。ブラシを渡すなどして促せばできると判断し、「一部介助」を選択した。
3.「全介助」	判断	・すべての介助が行われている場合。 ・本人が行った箇所を含めて介助者がすべてやり直す場合。
	文例	・腕を上げると肩に痛みがあり、夫が行う。 ・頭髪がなく、整髪を行っていない。入浴後、職員が頭を拭くため類似行為として判断し、「全介助」を選択。 類似の行為で代替して評価する ・短髪のため、とかしていない。筋力低下で腕が頭まで上がらず、入浴後に職員が頭を拭いて乾かすなどを行うため、代替行為とし、「全介助」を選択。 短髪や頭髪がない場合、頭を拭く行為で代替して評価する ・鬱症状があり、職員に頼っているところが見られる。日常生活が億劫で、週2回の入浴後に職員がとき、自分では行っていない。

3

第2群

生活機能

Column

しっかりメモを取ろう

　調査時に些細と思われることでも、しっかりメモを取りましょう。調査票作成時にそのメモに助けられることがあります。

2-10 上衣の着脱(介助の方法)

1.「介助されていない」　2.「見守り等」　3.「一部介助」　4.「全介助」

定義　「上衣の着脱」の介助が行われているかどうかを評価する項目である。ここでいう「上衣の着脱」とは、普段使用している上衣等の着脱のことである。

聞き取り方の例

着替えはご自身で
できますか

上の服を着る時に、着に
くいなどはありますか

袖はご自身で通しています
か。ご家族が通しますか

注意したい点

● 季節にあった服かどうかは考慮しない。

● 衣類の準備や、手渡しするなどは着脱には含まない。

● 声かけ・見守りの場合は「一部介助」を選択する。

> 季節違いの服を着ている場合は「3-6 今の季節を理解する」の項目で考慮する

◆判断ポイントと特記事項文例

選択肢		判断のポイント／特記事項の文例
1.「介助されていない」	判断	介助が行われていない場合。
	文例	・座って、ゆっくり時間がかかるが自分で衣類をずらすなどして着脱する。 ・手先が動かしづらくボタンをとめることが困難なため、日頃はボタンのない、ゆったりした着やすい衣服を着脱する。月1〜2回、ボタンの付いた服を着る際には、家族がボタンをとめる。　**頻回な状況で選択する** ・季節がわからず服の準備はできないが、準備して渡せば自分で着脱する。　**準備は「介助」に含まれない** ・週1〜2回、外出時に家着で出かけようとするのを夫が気づいて指摘し、着替え直させる。　**常時の見守りでなく、気づいた時だけでは「介助」にあてはまらない**

選択肢		判断のポイント／特記事項の文例
2.「見守り等」	判断	・常時の付き添いの必要がある場合。 ・動作の一つひとつに指示をしている場合。 ・認知症高齢者などに対して「確認」「指示」「声かけ」等を行っている場合。
	文例	・自分で着脱するが、転倒しないように家族が見守っている。 ・独居。日頃は自分で行うが、週2回のデイサービス時にボタンのかけ違い、裏表逆などがある。軽度の認知が見られ、声かけや見守りが必要と判断し「見守り等」を選択。 ・裏表を逆に着ることがあり、着衣している間、妻が声かけを行い、見守りを行う。 ・1日に1時間おき程度に何度も着替えている。洗面所に着た服が溜まり、タンスに衣類がなくなることもある。家族は日中不在だが、見守りや声かけが必要と判断して「見守り」を選択。
3.「一部介助」	判断	一部に介助がある場合。
	文例	・右麻痺があり、左腕、左肢は自分で通す。患側の右腕、右肢は職員が通して着脱する。 ・自分で着脱するが、脳梗塞の影響で手先の動きが悪く、職員がボタンをとめたり襟を整えたりなどを行う。 ・職員が頭に衣類をかぶせれば、自分で袖を通す。
4.「全介助」	判断	すべてに介助がある場合。
	文例	・職員が袖を通すなど、着脱全体の介助を行う。 ・職員が着脱すべてを行っている。意思疎通が全くできず、協力動作がない。身体に触れると、警戒するのか身体をこわばらせるため、大変手間がかかる。 ・認知症が進み、指示が全く通らないため、着脱行為のすべてを職員が行う。

不適切と判断した場合、判断した理由を記載すること

判断に迷うポイント

悩ましい着脱の「一部介助」と「全介助」

洋服の準備や手渡しは、着脱になりません。
また、「一部介助」と「全介助」の違いに迷いが生じやすいと言えます。例えば、調査対象者が少し下肢を上げる程度で、ほとんど職員が裾を通す場合は、「全介助」を選択します。衣類をかまえてあげれば本人が裾を通すことができる場合は「一部介助」を選択します。選択に迷う場合は、どちらか選択し、詳しい状況と選択した理由を記載します。

2-11 ズボン等の着脱 (介助の方法)

1.「介助されていない」　2.「見守り等」　3.「一部介助」　4.「全介助」

定義　「ズボン等の着脱」の介助が行われているかどうかを評価する項目である。ここでいう「ズボン等の着脱」とは、普段使用しているズボン、パンツ等の着脱のことである。

聞き取り方の例

- ズボンやパンツのお着替えはご自身でされていますか
- 足はご自身で通していますか。ご家族が通しますか
- ズボンの脱ぎ着がしづらいなどはありますか

注意したい点

- 季節に合った服かどうかは考慮しない。
- 衣類を準備する、衣類の手渡しなどは着脱には含まない。

> 季節違いの服を着ている場合は「3-6 今の季節を理解する」の項目で考慮する

- ズボンなどの着脱行為がない場合は類似行為で評価する（例えばオムツの着脱時に介助があるかなど）。
- 靴下は含まないが、介助がある場合は手間として発生しているので記載しておく。
- 声かけ・見守りの場合は「一部介助」を選択する。

Point!　着脱には、衣類の準備や手渡しは含みません。
　また、特記事項には「全介助で着脱する」「一部介助で着脱する」など選択肢と同じような記載ではなく、「介助者が衣類を持てば袖など自分で通す」「ボタンどめだけを介助者が行い、他は自分で行う」「衣類を介助者が構えれば、自分で足を通し引き上げる」など、どの程度の介助なのかをできるだけ詳しく記載しましょう。

◆判断ポイントと特記事項文例

選択肢		判断のポイント／特記事項の文例
1.「介助されていない」	判断	「ズボン等の着脱」の介助が行われていない場合。
	文例	・時間がかかるが、自分で座って着脱する。かがめないため工夫している。 ・時間がかかるが、壁にもたれて着脱する。届きにくい時は、孫の手を使いながら行う。 ・入院中。入院着を使用しておりズボンをはかないが、パンツなども自分で着脱できているため、「介助されていない」を選択した。 介助なしに着脱できても、時間がかかる場合は、審査会で汲み取られる可能性もあるため記載は必須 ・靴下は3回に1回は夫に手伝ってもらっている。いすに座ってなんとか左手で患側をかばいながら、自分で着脱する。 靴下は評価に影響しないが、介助の手間が発生しているため記載しておく
2.「見守り等」	判断	・常時付き添いの必要がある見守りがされている場合。 ・認知症高齢者などに対して「確認」「指示」「声かけ」等を行っている場合。
	文例	・認知症のため、ズボンを重ね着したり、着脱の順番がわからなくなるため、妻が毎回、衣服を着る順番や脱ぐ順番を促すなどを行う。 準備は見守りにならないが、一つひとつ指示している場合は「見守り等」となる ・ボタンをかけまちがえたり、裏表逆で着るため、声がけや指示を介護者が行っている。
3.「一部介助」	判断	介助が行われているが、「見守り等」「全介助」のいずれにも含まれない場合。
	文例	・腰の圧迫骨折でかがめないため、看護師に衣類を持ってもらい、自分で両下肢を通すなどして、残りは自分で上げ下げする。 ・職員がズボンをはきやすいように裾を広げたら、自ら足を通す。 ・昔から妻が身の回りのことを甲斐甲斐しく行い、本人は座ったままで妻が全部着脱している。しかし、足の筋力低下もなく、歩行も行えているため、妻が衣類を持てば自分で通すなどはできると判断し「一部介助」を選択した。
4.「全介助」	判断	すべてに介助がある場合。
	文例	・協力動作が行えず、両下肢も筋力低下のため、自分で上げることが全くできない。拘縮もあり、ベッド上で職員がズボンを通すなどして着脱する。 ・認知症が進み、指示が通らず、協力動作がなく、職員が行っている。 ・浴衣を着用し、ズボンなどを着用していない。オムツ交換はベッド上で全介助のため、代替えして評価し「全介助」を選択した。 ズボン等を履かない場合は、オムツなどで代替して評価する ・衣類を渡しても着脱行為を理解できず、妻がすべて行っている。

3

第2群

生活機能

2-12 外出頻度(有無)

1.「週1回以上」　2.「月1回以上」　3.「月1回未満」

定義
「外出頻度」を評価する項目である。ここでいう「外出頻度」とは、1回概ね30分以上、居住地の敷地外へ出る頻度を評価する。一定期間(調査日より概ね過去1か月)の状況において、外出の頻度で選択する。

聞き取り方の例

この1ヶ月の間に、買い物や通院など、どれくらい外出されていますか

お一人で外出されていますか

注意したい点

● 状況が変わった場合は、変わった後からの回数で数える。

　例えば、入院前は外出があっても、入院中に外出がない場合は、「月1回未満」を選択する。

● 徘徊や救急搬送は外出としてカウントしない。

● どのようにして行ったかも記載する(例えば家族の運転で病院に行ったなど)。

● 入所していて、同じ敷地内の病院や施設に行くことは外出としない。

◆判断ポイントと特記事項文例

選択肢		判断のポイント／特記事項の文例
1.「週1回以上」	判断	週1回以上外出している場合。
	文例	・2日に1回は、近くのスーパーに一人でシルバーカーを使い買い物に行く。 ・週1回、用事のため、県外に一人で電車やバスで出かける。 ・週3回、デイサービスに通い、他月1回、娘の運転で病院に行く。 ・週1回、妻の付き添いにより往復タクシーを使って病院に行く。 ・週1回、電車等は足腰が不安定で乗れないため、友人の送迎で病院に行き、帰りはタクシーで帰る。外出時は杖かシルバーカーを使用。 ・週1回程度、息子の付き添いで病院に行く。最近、長距離の歩行がつらくなり、外出時は杖を使うが、バス停まで行くのもつらい。
2.「月1回以上」	判断	月に1～3回、外出している場合。
	文例	・転倒後は一人で外出ができなくなり、月2～3回、娘が付き添ってタクシーで病院に行く。 ・入院中であるが、外泊で車を夫が運転し、家に帰った。 ・ほとんど外出はないが、今月は施設のイベントのため職員が付き添い外出した。 ・月2回、息子の嫁や息子と車を運転してもらって、病院や買い物に行く。一人では外出していない。 ・退院後、病院に1回行った。足腰が悪く、うつ症状もあるため外出が億劫になっている。
3.「月1回未満」	判断	ほとんど外出しない、外出は月1回未満の場合。
	文例	・入院中のため、この1ヶ月は外出を全くしていない。 ・病状が悪化してから外出していない。 ・道に迷うため、一人で外出できない。2ヶ月に1回程度、娘か息子に病院に車で連れて行ってもらう。この1ヶ月は外出はない。 ・施設内のデイサービスや診察室に行くのみ。施設外の外出はない。 ・庭の手入れで毎日外には出るが、敷地外にはこの1ヶ月全く出ていない。 ・この1ヶ月で2回ほど徘徊があったが、他に外出はしていない。　　　【徘徊は外出としない】 ・毎日15分程度の散歩に出かける。　　　【30分程度以上を外出とする】

Point! 「2-12 外出頻度」の特記事項には、「日常生活自立度」（159～163ページ参照）の選択で重要となるため、外出先の情報のほか、一人で外出するのか付き添いがあるのか、一人で出かける場合に近くしか行かないのか、あるいは電車などを使って積極的に遠方に出かけるか、頻度はどれくらいか、などを詳しく記載します。

第3群

認知機能（9項目）

「第3群 認知機能」は、意思の伝達等の意思疎通や、短期記憶、また場所の理解、徘徊などの認知機能に関しての調査を行う群（グループ）である。この群の評価軸は、「3-8 徘徊」「3-9 外出すると戻れない」以外は能力の評価である。

「3-2」～「3-7」の注意点

- 調査日の状況と、日頃の状況とが異なる場合は、調査日から概ね**過去1週間**の状況で判断する。その際に、日頃の状況との違いや、判断の根拠などを具体的に特記事項に記載する。
- 介護者が「日頃は質問していないのでわからない」という場合は調査時の状況で選択する。

「3-1」の注意点

- 「3-1」は「能力」を問う項目ではあるが、日常的な状態を評価する項目でもあり、調査日の状況と日頃の状況の両方から判断をし、また両方について特記事項に記す。

「3-8」「3-9」の注意点

- **過去1ヶ月間**の頻度で記載する。

Point! 第3群は認知症ではない方にも確認するため「皆さんに確認しています」などと前置きをして、気分を害さないように工夫しましょう。

コラム

調査票の提出前に矛盾がないか確認しよう

すべての書類の記入を終えたら、それで終わりではありません。矛盾がないか、確認しましょう。例えば「寝返りができない」にもかかわらず「洗身が介助されていない」という選択をしていると、つまり「寝返りすらできないのに、お風呂は自分で洗えている」こととなり、矛盾が生じていることになります。他の項目との整合性を意識して、全体的に見直しをし、他の項目との矛盾がないか意識することが必要です。一次判定シミュレーション（164ページ参照）を使うと、矛盾について確認できるので便利です。

以下はすべて矛盾の組み合わせ！

- ☒「寝返りができない」にもかかわらず、「洗身が介助されていない」
- ☒「両足立ちできない」にもかかわらず、「歩行が介助されていない」
- ☒「上衣着脱が全介助」であるのに、「ズボン着脱は介助されていない」
- ☒「自分の名前を言う」が「できない」にもかかわらず、「日常の意思決定」が「できる」
- ☒「起き上がりができる」にもかかわらず、「座位保持」が「できない」
- ☒「歩行」が「できる」にもかかわらず、「移動」が「全介助」
- ☒「移乗」が「全介助」にもかかわらず、「立ち上がり」が「できる」
- ☒「洗身」が「介助されていない」にもかかわらず、「洗顔」が「全介助」
- ☒「つめ切り」が「介助されていない」にもかかわらず、「視力」が「判断不能」

つじつまが合わない場合もある

ただし、無理につじつまを合わせる必要はありません。聞き取りなどをした結果、「整合性が疑われる」と考えられる場合、その理由をしっかり記載します。例えば、「短期記憶」が「できない」のに、「ひどい物忘れ」が「ない」の場合、なぜひどい物忘れがないのか、その理由を書きましょう。寝たきりで言動がないためか、介護者が予防の対策を取っているのかなど、理由を書いて審査員を納得させましょう。

3-1 意思の伝達（能力）

1.「調査対象者が意思を他者に伝達できる」 2.「ときどき伝達できる」
3.「ほとんど伝達できない」 4.「できない」

定義　「意思の伝達」の能力を評価する項目である。ここでいう「意思の伝達」とは、調査対象者が意思を伝達できるかどうかの能力である。

聞き取り方の例

ご自身の思ったことを、人に伝えることはできていますか

ご自身の考えをうまく伝えられずに、困ることはありますか

調査時の本人とのやりとりから様子を判断しつつ、本人あるいは家族などに聞き取り調査も行う

注意すべき点

● **内容の合理性は問わない**。歩けないのに「歩ける」と言うなど話す内容がおかしい、あるいは質問を理解していなくても、**意思の伝達ができれば**「**伝達できる**」となる。
● ジェスチャー、筆談、手話、メール、ボードなど、手段や方法は問わない。
● 精神的なもので考えが混乱していても、意思の伝達ができればあてはまる。
● 時間帯や相手によって異なる場合は頻度が多い状況で選ぶ。

Point!　「ときどき」「ほとんど」がどの程度なのかは判断に迷うところです。下記は大まかな目安です。
● **伝達できる**…………常に言える。または常に伝え得る
● **ときどきできない**……内容や状況によってはできない
● **ほとんどできない**……限定されたことや特定の人にまれにできる
● **できない**……………まったくできない

関連用語
失語症……………大脳を損傷し言葉をうまく使えなくなる
高次脳機能障害……脳の損傷で起こる脳機能の障害のこと
見当識障害…………日にちや時間がわからなくなること

◆判断ポイントと特記事項文例

選択肢		判断のポイント／特記事項の文例
1.「調査対象者が意思を他者に伝達できる」	判断	手段を問わず、常時、誰にでも意思の伝達ができる場合。
	文例	・話に合理性がない時が多いが、常時自分の言いたいことは話し伝えることができる。 ← 会話の合理性は問わない ・失語症のため、言葉が出にくく時間がかかるが、何とか思ったことを言い、言葉が出ない時は身振り手振りなどで伝えることができている。 ← 伝達の方法は問わない ・本人からは発語がないが、問いかければ常に自分の思っていることは話せている。 ← 本人が自発的に伝達しなくても、問いかけに対し意思を伝えることができる場合は、その状況を評価する
2.「ときどき伝達できる」	判断	通常は、調査対象者が家族等の介護者に対して「意思の伝達」ができるが、その内容や状況等によってはできる時と、できない時がある場合。
	文例	・失語症で言葉が出てこない時があり、言葉を発するのに時間がかかるが伝えることができる。ただし、初対面の人には伝えることができない時があり、調査時も理解できない時があった。 ・言葉が単語で出てくるが、文章など複雑な発語ができないことがある。家族は常時くみ取ることができるが、施設の職員はわからない時もある。
3.「ほとんど伝達できない」	判断	・通常は、調査対象者が介護者に対しても「意思の伝達」ができないが、ある事柄や特定の人（例えば認定調査員）に対してであれば、まれに「意思の伝達」ができる場合。 ・認知症等があり、「痛い」「腹が減った」「何か食べたい」等、限定された内容のみ「意思の伝達」ができる場合。
	文例	・ケアマネの話では、言葉を発することはほとんどない。「おなかすいた」「痛い」など限定された言葉は言えるが、その他の単語は出てこない。 ・調査時は「難しいわ」と何度も言うのみで、脳梗塞発症後は言葉が出てこないことが多い。質問に対して頷くのみで、言葉が出てこなかった。 ・脳梗塞の影響で、言葉が出てこず、文字ボードを使ってもできない。何を聞いても「こけたから」と言う。
4.「できない」	判断	・重度の認知症や意識障害などで意思の伝達が全くできない場合。 ・意思の伝達ができるかどうか判断できない場合。
	文例	・半年前に言葉を発したが、この1ヶ月は言葉を発しているのを聞いたことがなく、できない。 ・重度の認知症でうめき声はあるが、言葉は発しない。 ・寝たきりで問いかけても全く反応がない。言葉も全く発しない。

3

第3群

認知機能

3-2 毎日の日課を理解する（能力）

1.「できる」　2.「できない」

定義　「毎日の日課を理解する」能力を評価する項目である。ここでいう「毎日の日課を理解」とは、起床、就寝、食事等のおおまかな内容について、理解していることである。厳密な時間、曜日ごとのスケジュール等の複雑な内容まで理解している必要はない。

聞き取り方の例

> 朝起きてから寝るまで、どのように過ごしていますか

> 朝は何時に起きて、お昼ごはんは何時にとられていますか

> 誰かが声をかけなくても、ご自身で行動していますか

注意すべき点

- 認知症がある場合、程度を知るためにも詳しく記載する。
- 食事時など声かけをしないといけない場合は、手間を記載する。
- 判断しづらい時は、選択した上で、選択理由や迷った事項を記載しておく。

Point!　毎日決まって行うこと──例えば、朝昼晩とごはんを食べる、食後に歯磨きをする、朝と寝る前には着替えをするといったことです。この項目は、それらを指示に合わせてできているかどうかではなく、"本人が毎日やることを理解しているかどうか"で判断します。
　ストレートに「毎日の日課を理解できていますか」などと尋ねると、抽象的な質問となり、相手も答えにくく、判断もしづらくなってしまうので、聞き方には工夫が必要です。他の項目について先に聞くなどして本人の状態を把握してから、この項目の質問をしてみるとよいでしょう。

◆判断ポイントと特記事項文例

選択肢		判断のポイント／特記事項の文例
1.「できる」	判断	質問されたことに、ほぼ正確な回答ができる場合。
	文例	・ご飯やおやつの時間、起床、就寝時間等を言えた。「毎朝、○○の番組を見てから朝食を食べる」と言う。家族によると日頃も理解しているとのこと。 ・朝7時に起き、昼は12時頃食べ、夜9頃に寝るなどと答えることができた。日課はわかっている。 ・失語症で、言葉が出てこず、質問に頷くのみだった。しかし、1日の流れは理解し、決まった時間に起床し、食事の時間も把握している。 ・1週間の予定はわからずデイサービスの曜日も忘れるため職員が声かけを行うが、毎日の起床、就寝、食事などの内容は答え、自分で食堂まで来るため食事の時間も理解していると判断し「できる」を選択した。　　**1日の大まかな流れがわかっていれば、曜日ごとの予定までわかっていなくてもよい** ・毎朝、起きたら着替えて食事を食べるなど、すべて問題なく行い、定期的に地域の体操教室にも自分で通っている。
2.「できない」	判断	質問されたことに正しく回答できない、あるいは、全く回答できない場合。
	文例	・調査時も、起きた時間等を間違えて答えた。デイサービスの時間を毎日何回も聞いてくることもあり、家族の話では「日課はわかっていないと思う」とのこと。食事時も声かけが必要である。 ・意思疎通できず、発語もない。認知症が進み、日課は理解していない。 ・「朝6時、昼12時半、夜6時半にご飯を食べた」と答えたが、職員によると「昔から覚えている流れを言っているだけで間違っている」とのこと。実際は1日の流れは理解せず、朝か昼かも理解せず、食事の時間も毎回職員が声かけを行う。 ・調査時には1日の流れは答えたが、家族によると時間がずれて認識している言動がある。食後でも「食べていない」と言い、時間に関係なく家族の顔を見ると「ごはんはまだか」と聞いてくる。

3

第3群

認知機能

3-3 生年月日や年齢を言う（能力）

1.「できる」　2.「できない」

定義　「生年月日や年齢を言う」能力を評価する項目である。ここでいう「生年月日や年齢を言う」とは、生年月日か年齢かのいずれか一方を答えることができることである。

聞き取り方の例

生年月日はいつでしょうか　　年齢はおいくつでしょうか

注意すべき点

● 生年月日か年齢のいずれか一方が言えたら「できる」を選択する。
● 生年月日は**数日の誤差**、年齢は**2歳までの誤差**であれば「できる」を選択する。

◆判断ポイントと特記事項文例

選択肢		判断のポイント／特記事項の文例
1.「できる」	判断	ほぼ正確な回答ができる場合。
	文例	・実際の生年月日とは数日のずれで答えることができた。 ・生年月日を間違えた。年齢は81歳を83歳と間違えたが、2歳までの誤差のため「できる」を選択。 ・生年月日は答えられず、数えの年齢しか答えられなかった。家族曰く、年齢はわかっているとのこと。
2.「できない」	判断	・質問に対して正しく回答できない場合。 ・全く回答できない場合。 ・回答の正誤が確認できない場合。
	文例	・質問をオウム返しのように繰り返すだけで答えられない。年齢もわからないと答えた。 ・83歳だが26歳と答え、日頃も全く異なる年齢を言う。生年月日も日にちが大きく違っていた。 ・干支は答えることができたが、年齢や生年月日が答えられなかったため、「できない」を選択する。

> 数日の誤差であれば「できる」を選択

> 2歳までの誤差であれば「できる」を選択

> 生年月日か年齢かのいずれか一方を答えることができればよい。また満年齢や数えの年齢でも、答えることができればOK

3-4 短期記憶（能力）

1.「できる」　2.「できない」

定義　「短期記憶」（面接調査の直前に何をしていたか思い出す）能力を評価する項目である。ここでいう「短期記憶」とは、面接調査日の調査直前にしていたことについて、把握しているかどうかのことである。

聞き取り方の例

この調査の前には何をされていましたか

（例えば午後1時からの調査の場合などに）
昼ごはんは食べましたか

日頃は直前のことを覚えていますか

注意すべき点

● 夕方の調査において、午前の話を質問することは適切ではない。

短期記憶の3点テスト

立会者がおらず、直前のことを覚えることができるか確認が必要な場合に行う。事前に記憶のテストをしてもよいか聞く。

① ペン・時計・視力確認表（他のものでもよい）を見せて三つ覚えてもらうように伝え復唱し、隠す。

② 5分後に三つのうち二つを提示し、残りの一つが何かを聞く。答えられたかどうかで判断する。

Point!　家族などの介護者にとって、1日1回程度の物忘れでも「多い」と思っている可能性があります。調査対象者に対して「日頃、物忘れが多い」との印象をお持ちの介護者は、実際より強調して答えられることもあるようです。そうした可能性があると感じた場合は、聞き方を変えて、再度尋ねてみます。「毎回、直前のことを忘れますか？」などと、介護者に「毎回」「直前」などを強調して聞いてみましょう。

「短期記憶」と「ひどい物忘れ」

短期記憶とは、直前のことを覚えているかどうかです。ここでの直近とは、「直前から1〜2時間前まで」で、半日前や昨日ほど前ではありません（ただし、昨日のことは忘れているなどのエピソードがあれば記載しておく）。短期記憶で「できる」を選択しても、「4-12 ひどい物忘れ」が「ある」場合もあります。違いに注意しましょう。

◆判断ポイントと特記事項文例

選択肢		判断のポイント／特記事項の文例
1.「できる」	判断	ほぼ正確な回答ができる場合。
	文例	・日頃も直前のことも覚え、調査時も正答した。 ・「食事を食べた後テレビを見ていた」と言い、介護者によると適切な回答とのこと。日頃も直前のことを覚えている。
2.「できない」	判断	・質問に対して正しく回答できない場合。 ・全く回答できない場合。 ・回答の正誤が確認できない場合。
	文例	・日頃も1秒後には忘れる。直前のことを聞くとカバンの中の物を探すのみで答えなかった。わからないことを聞かれると物をさがす習慣があり、日頃も覚えていないことが多い。 ・「歯を磨いて顔を洗っていた」と答える。家族に確認すると別のことをしていた。日頃も歯磨きを数分ごとに何回も行ったり、入浴時に何回も洗身を行ったり直近のことを忘れていることが多い。 ・調査直前のことは答えたが、立会者がおらず、正答か不明のため、3点テストを行った。テストの残りの1点が思い出せなかったため「できない」を選択。 ・調査日の2時間前に食べた昼食の内容を答えることができたが、家族の話では、日頃は物忘れがひどく、1〜2時間前のことも覚えていないことが多いそうで「できない」を選択した。

3-5 自分の名前を言う(能力)

1.「できる」 2.「できない」

定義 「自分の名前を言う」能力を評価する項目である。ここでいう「自分の名前を言う」とは、自分の姓もしくは名前のどちらかを答えることである。

聞き取り方の例

お名前をお伺いしてよろしいでしょうか　　お名前を教えてください

◆判断ポイントと特記事項文例

選択肢		判断のポイント／特記事項の文例
1.「できる」	判断	・ほぼ正確な回答ができる場合。 ・言えなくても、自分の名前を理解している場合。
	文例	・何回か聞くと、なんとか名字のみ答えた。 ・名前のみ言えた。 ・旧姓が言えた。　旧姓でも、「自分の名前を答える」ことができればよい ・失語症で名前は言えないが、呼べば返事し、理解しているため「できる」を選択した。
2.「できない」	判断	・質問に対して正しく回答できない場合。 ・全く回答できない場合。 ・回答の正誤が確認できない場合。
	文例	・何を聞いても全く反応がなかった。認知症が進行し発語はほとんどないとのこと。 ・意思の伝達も全くできず、名前等も言えず、すべて理解していない。　全く回答できない場合も選択する ・質問しても頷くだけだった。日頃も、何を聞いても頷くのみで、理解しているのか、理解できていないか不明。

Point! 姓だけでも名だけでも、あるいは旧姓でも、答えることができればよいとされています。また、失語症で言葉が出ない場合は、名前を理解していると判断できれば「できる」を選択します。

3-6 今の季節を理解する（能力）

1.「できる」　2.「できない」

定義　「今の季節を理解する」能力を評価する項目である。ここでいう「今の季節を理解」とは、面接調査日の季節を答えることである。

聞き取り方の例

いまは何の季節でしょう

いまの季節は、春夏秋冬のどれでしょうか

注意すべき点

● 少しのずれであれば、理解できると判断する（例えば、1月であれば「春の初め」と回答するなど）。

● 旧暦で答えても、本人が季節を理解していればよい。

◆判断ポイントと特記事項文例

選択肢		判断のポイント／特記事項の文例
1.「できる」	判断	ほぼ正確な回答ができる場合。
	文例	・2月で「もうすぐ春」と答える。日頃も理解している。　**季節に多少のずれがあってもよい** ・「1月は旧暦で春かなあ」と言う。立ち会い者がなかったが「あと2ヶ月もすれば暖かくなる」と言い、季節は理解していると判断した。　**判断が難しい時や迷った時は、理由なども詳細に記載する**
2.「できない」	判断	・質問に対して正しく回答できない場合。 ・全く回答できない場合。 ・回答の正誤が確認できない場合。
	文例	・調査時は夏だが「春」と答えた。日頃も、夏の暑い時に冬布団を使うなどがあり、家族曰く、わかっていないとのこと。 ・調査時は9月だが、季節を聞いたら「5月20日」と間違えた日を答えた。日頃も季節を理解していない。　**調査時に正答しても、日頃は理解していないことが多い場合は「できない」となる** ・調査時は季節を正答したが、家族から日頃は理解していないと聞いたため「できない」を選択した。 ・調査日の月日は答えることができたが、秋と答えるべきところを春と答え、季節は言えなかった。　**ここでいう「今の季節の理解」とは、調査日の季節を答えることであり、月日を答えることではない**

3-7 場所の理解（能力）

1.「できる」　2.「できない」

定義　「場所の理解」（自分がいる場所を答える）に関する能力を評価する項目である。ここでいう「場所の理解」とは、「ここはどこですか」という質問に答えることである。

聞き取り方の例

ここは、ご自宅、施設、病院のどちらですか　　　ここは、〇〇さんの家ですか

注意すべき点

- 自分のいる場所が、自宅か施設か区別がつけばよい。
- 大きく間違えた場合に「できない」を選択する。
- 病院を「施設」と答えても類似施設と判断する場合は「できる」と選択する。
- 詳しい地名や施設名を答えることができなくてもよい。

◆判断ポイントと特記事項文例

選択肢		判断のポイント／特記事項の文例
1.「できる」	判断	質問に、ほぼ正確な回答ができる場合。
	文例	・施設を、病院と言った。家ではないことがわかっている。　**自宅か施設かの区別ができていればよい** ・住所は間違っていたが、「自宅」と正答した。 ・施設の場所や施設名は答えることができなかったが、現在、施設にいることは理解している。　**施設にいることが理解できていれば「できる」を選択する**
2.「できない」	判断	・質問に正しく回答できない、あるいは、まったく回答できない場合。 ・回答の正誤が確認できない場合。
	文例	・寝たきりで意思疎通もできず、現在の場所もわかっていない。 ・認知症が進み、半年前から家にいても帰ると言うなどがある。家でも「ここはどこ？」と聞き、わかっていないことが多い。 ・場所を選択できなかった。週1～2日わかっている時もあるが、日頃はわかっていないほうが多い。　**過去1週間以内の頻度で選択する**

3

第3群

認知機能

3-8 徘徊（有無）

1.「ない」　2.「ときどきある」　3.「ある」

定義　「徘徊」の頻度を評価する項目である。ここでいう「徘徊」とは、歩き回る、車いすで動き回る、床やベッドの上で這い回る等、目的もなく動き回る行動のことである。

聞き取り方の例

目的なく歩き回ることはありますか

あてもなく歩き回るなどはありますか

注意すべき点

- 目的もなく、車いすで動き回る、ベッドの上で這い回るなどの行動もあてはまる。
- 過去1ヶ月の状況で判断する。

判断の期間について、この項目は1週間ではないことに注意

判断に迷うポイント

「徘徊」がどうかの判断は？

以前に徘徊があっても、直近1ヶ月に徘徊がない場合は「ない」を選択し、徘徊がなくなった理由や過去歴があれば記載します。徘徊かどうかは、目的があるかないかで判断します。

◆判断ポイントと特記事項文例

選択肢		判断のポイント／特記事項の文例
1.「ない」	判断	・徘徊が過去1ヶ月間に1回もない場合や、ほとんど1回以上の頻度で現れない場合。 ・意識障害、寝たきりなどの理由により徘徊が起こり得ない場合。
	文例	・半年前は家の周りを徘徊することがあった。本人では開けられない鍵を門と玄関につけ、徘徊はなくなったため、「ない」を選択。家の中では徘徊はない。　〔過去1ヶ月間でない場合は「ない」を選択〕 ・入院して直後は館内を徘徊していたが、現在はナースステーションの横に部屋が変わり看護師が注意し見守りを行うようになり、徘徊がなくなった。 ・月1回の地域の集まりの帰りに公園の周りを何周も歩いていることがあったが、本人曰く筋力低下の予防のために散歩していると言い「ない」を選択した。　〔選択を迷った場合などは、選択した理由を記載する〕
2.「ときどきある」	判断	徘徊が月1回以上あり、週に1回未満の場合。
	文例	・月に1回程公園の周りをうろうろする。家族が探しに行き、問いただすと「買い物に行っていた」と言うが、財布もカバンも持たず、目的がなく徘徊している。 ・月1〜2回、夜中に家の中をうろうろと歩き回ることがある。家族が注意するまで止まらない。 ・お酒を飲むと、家の外をうろうろすることが月1〜2回程度ある。目的なく歩いている様子で家族は心配で見に行き手間がかかっている。
3.「ある」	判断	徘徊が週1回以上ある場合。
	文例	・毎日フロア内を車いすでうろうろし、床のホコリを舐めるなどの行為がある。　〔車いすでもあてはまる〕 ・「捜し物をしている」と言い、施設内を毎日歩き回る。しかし、何かを探している様子はなく、目的もなく動き回っていると判断した。　〔ベッド上で這い回るなどもあてはまる〕 ・歩行が困難なため、歩行での徘徊はないが、ベッド上で這いまわっていることが毎日ある。

3-9 外出すると戻れない（有無）

1.「ない」 2.「ときどきある」 3.「ある」

定義　「外出すると戻れない」行動の頻度を評価する項目である。

聞き取り方の例

この1ヶ月間に、お一人で外出して戻れなくなったことはありますか

部屋に戻れなくなったなどはありますか

注意すべき点

- 外出時に自宅に帰れないだけでなく、自室に戻れない場合なども該当する。
- **過去1ヶ月**の状況で判断する。
- 予防策を取らなくなった場合も以前の状況や予防策の詳細は記載しておく。

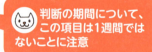
判断の期間について、この項目は1週間ではないことに注意

Point!　認知症があるなどで、「2-2 移動」において「見守り等」（声かけして自室を教える、食堂を教えるなど）があてはまる場合、この項目にも該当する場合が多いため、関連して聞くとよいでしょう。

Column　更新や区分変更の場合

前回の認定の時と比べて良し悪しを記載することになりますが、その際、以前の状況を知らない場合などは、単に「不明」と記載せず、例えば入所時と比べてどう変化したかを聞き取るなど、可能な範囲で記載します。

◆判断ポイントと特記事項文例

選択肢		判断のポイント／特記事項の文例
1.「ない」	判断	・一人で外出して戻れないことが、過去1ヶ月以内に1回もない場合や、月1回以上の頻度ではない場合。 ・寝たきりなどの理由で、外出がない場合。
	文例	・寝たきりになり、外出して戻れなくなることはなくなった。 ・施設に入所当初は部屋を覚えておらず、自室に戻れないことがあったが、現在は部屋を覚え、自力で戻れるようになった。 ・毎日、職員が手引きを行い歩行するようになり、戻れないことはない。 ・トイレや風呂場の場所がわからない、部屋に戻れないことがあったため、扉に「トイレ」「浴場」などと貼り紙をしたところ、戻れないことはなくなった。
2.「ときどきある」	判断	少なくとも過去1ヶ月間に1回以上、1週間に1回未満の頻度で現れる場合。
	文例	・この1ヶ月で1回、散歩に出かけた際に家の方向がわからなくなり、公園の周りをうろうろしていたところ、近所の人が連れて帰ってくれた。 ・月1～2回、徘徊があり、戻れずに家族が探しに行き、連れ戻すことがある。
3.「ある」	判断	過去1ヶ月間に少なくとも1週間に1回以上の頻度である場合。
	文例	・週に1～2回、散歩に行き、なかなか戻ってこないことがあり、家族が探し、自宅まで連れ帰る。 ・毎日トイレや食堂、自室がわからないため、うろうろして戻れず職員が教える。教えると思い出したような顔をする。 ・トイレや風呂に行った際に、戻る場所がわからなくなり廊下をうろうろし、週に1～2回は部屋に戻れない。

3

第3群

認知機能

Column

特記事項に記載しないこと

　特記事項の目的は、主に審査会に対して、選択肢だけでは表現できない状況や介護の手間の有無などを伝えるものです。要介護認定に直接関係のない情報は、聞き取りの際に話題として上がったとしても、個人情報保護の観点からも記載しないほうがいいでしょう。

＜認定に関係のない情報の例＞
・現在の状況に影響していない過去の入院歴や病歴
・現在の状況に関係しない犯罪歴　など

第4群

精神・行動障害 （15項目）

第4群は、感情が不安定になるといった精神症状や、介助に抵抗する、物を壊す、衣類を破くなど、認知症に伴って起きてくる問題行動に関して調査を行うグループです。この群の評価軸は、すべて当該行動の「有無」が評価の基準となります。

選択肢について

第4群は、選択肢がすべて同じで三つです。

1. ない　　**2. ときどきある**　　**3. ある**

この選択肢は、行動の頻度によって選択します。下記の表を目安にします。

選択肢	頻度
1. ない	数ヶ月間に1回程度 または意識障害や寝たきりなどにより、問題行動が現れる可能性がない場合
2. ときどきある	1ヶ月間に1〜4回
3. ある	1週間に1回以上

聞き取り方について

このグループの質問は、調査対象者や家族に対して失礼にもなりうるので、相手の気分を害さないよう細心の注意を払うことが必要です。「日頃の行動で、何かお困りのことはないですか」などと聞いてみて、具体的な問題行動の有無や内容を聞いてから、話題に出なかった他の項目の質問に入っていくなど、工夫が必要です。

頻度の聞き取り方について

「お困りの行動は、月に何回くらいありますか」と聞いても、すぐに「何回」と答えてもらえない場合が多いでしょう。次のような流れで聞くなど、こちらも工夫が必要です。

> そうした行動はよくありますか

> 前回は、どれくらい前にありましたか

> その前は、いつくらいにありましたか

> それでは、だいたい月に〇回はある感じでしょうか

注意点

- 第4群は詳細のエピソードと頻度を聞き記載する。
- 直近1ヶ月の状況をふまえて、現在の環境における行動の頻度で評価する。入院など途中で環境が変わった場合は、変わってからの頻度で選択する。
- 基本的には認知症が進むにつれて、こうした問題行動が生じてくる。もともとの性格によるものは評価しない。
- 一つのエピソードで複数あてはまる場合は複数選択する。例えば「大声で急に怒り出す」などは「4-6 大声をだす」と「4-3 感情が不安定」の二つにあてはまる。
- 介護の手間などの大小にかかわらず、当該行動がある場合に選択する。
- 調査項目に該当しないが、手間が発生し、生活にも支障のある場合は、似た項目または関連する特記事項に具体的な状況と頻度を記載する。
- 当該行動はあるが生活に支障がない、または以前にはあったが今は見られないなど、介護者が特に対応を取っていない場合も特記事項に記載が必要である。
- 意識障害で重度の寝たきりの場合、問題行動はないため「ない」を選択する。

4-1 被害的になる（有無）

1.「ない」　2.「ときどきある」　3.「ある」

定義　「物を盗られたなどと被害的になる」行動の頻度を評価する項目である。ここでいう「物を盗られたなどと被害的になる」行動とは、実際は盗られていないものを盗られたという等、被害的な行動のことである。

聞き取り方の例

物を盗られたことなどはありますか

物を盗られてはいないのに、「盗られた」などと言うことはありますか

それ以外にも、「食事を食べさせてもらえない」など主張することはありますか

注意すべき点

- 誰かに何かの被害を受けている、自分だけ虐げられていると言う場合もあてはまる。
- 「食事に何か入っている」と言って食事を拒否するなどの行動も含む。
- この項目は「4-2 作話」に該当する場合も多い。例えば、盗られていないのに盗られたと言う場合は作話にあたるため「4-1 被害的になる」と「4-2 作話」にチェックする。

「被害的になる」と「作話」の違い

「被害的になる」とは、自分が物をなくしたとは考えずに、誰かに盗られたと訴える状態のことです。これは、記憶障害や思考能力の低下や不安から生じるとされています。
「作話」は取り繕った話をしたり、事実でないことを事実のように話したりすることです。こちらも記憶障害から起こることが多いとされています。

◆特記事項文例

選択肢	文例
1.「ない」	・入院中に「お金がない」と言うことがあったが、2週間前に家に戻ってからは、言動がなくなった。 〔この間に環境が大きく変化した場合は、その変化後から調査日までの状況で選ぶ〕 ・通帳をなくすことがよくあるが、「なくなった」と言うだけで、人のせいにするわけではないので「ない」を選択した。 〔「盗られた」などと人のせいにするのでなければあてはまらない〕 ・発語もなく寝たきり状態にあるため、そういった言動はない。
2.「ときどきある」	・月1回程度、「財布を盗られた」と警察に電話したり、「隣人に盗られた」と思って隣人の家のドアに貼り紙を貼ったりする。 ・自分でタオルを失くし、見つかるまでずっと不穏になる。大抵は自分の部屋で見つかるが、月に1〜2回程度「職員が盗った」などと他の入所者に話す。 ・月1〜2回、息子が来た際に、「嫁にひどい目に合わされた」「嫁にひどい仕打ちで追い出された」など事実でないことを訴える。 〔被害的な言動にあてはまると考えられる場合は記載する〕
3.「ある」	・認知症になってから、週2〜3回は「留守中に息子がお金を盗りに来た」などと言う。息子は1年前から家には来なくなった。妻が否定しても聞き入れず、妻は精神的に疲れている。 ・週1回程度、「食べ物に毒が入っている」と言い出し、家族が大丈夫と説得しても口にしようとしない。 〔被害的な行動とは、「物盗られ」だけでなく、「食べ物に毒が入っている」「自分だけ食事が与えられない」なども含む〕 ・週1回程度、食事をした後に「ご飯を食べさせてもらっていない」と職員に訴え、家族にも「自分だけひどい目に合わされている」などと話す。家族も聞き流している。

3

第4群 精神・行動障害

Column

認知症の二つの症状

認知症には、大きく二つの症状があります。中核症状と周辺症状です。

中核症状は、脳の機能が低下することで現れる症状です。中核症状には新しいことが覚えられない「記憶障害」、月日や場所、自分は誰かなどがわからなくなる「見当識障害」、物を考えることが困難になる「理解・判断力の障害」、計画立てて実行できない「実行機能障害」、そのほか失認や失語などがあります。

周辺症状とは、生活環境や人とのかかわりで生じる行動や症状です。「行動・心理症状」や「BPSD（Behavioral and Psychological Symptoms of Dementia」とも呼ばれます。幻覚やせん妄、異食や暴力・暴言、徘徊など、人によって異なるのが特徴です。

4-2 作話（有無）

1.「ない」　2.「ときどきある」　3.「ある」

定義　「作話」行動の頻度を評価する項目である。ここでいう「作話」行動とは、事実とは異なる話をすることである。

聞き取り方の例

事実と異なる話をされることはありますか

作り話などされることはありますか

注意すべき点

● 失敗を取り繕う場合もあてはまる。

関連用語
幻覚症状……… 実在しないものを見たり聞いたり感じたりすること
幻視………… 実在にないものが見えること
　　　　　　　※レビー小体型認知症でよく見られる症状

◆特記事項文例

選択肢	特記事項文例
1.「ない」	・半年前は会話があり、作話があったが、現在は病状が悪化し、会話がなくなり作話もなくなった。
2.「ときどきある」	・月1〜2回オムツを捨て忘れたことを指摘されると、「他人が勝手に家に入ってきて捨てた」と言う。 ・月2〜3回、作り話（出産予定もないのに娘に子どもが生まれた、亡くなっている親に会ったなど）がある。
3.「ある」	・週に1回程度、なくしたと言っていたカバンが見つかると「自分のものではない。友人が忘れていったものだ」と言う。 ・施設入所で食事も施設提供であるが、認知症が悪化し、「自分で料理をしている」「仕事をしている」などの作話が週1〜2回ある。 ・調査時も「職員に怒られた」「職員が便器を台所で洗った」などと言う。職員に確認すると、事実ではない話を週に1〜2回するとのこと。

> 自分の失敗を取り繕った話も「作話」に該当する

Point!　幻覚症状の幻視や幻聴が作話に該当するかは保険者により異なるため、所属先の保険者に確認して選択してください。

4-3 感情が不安定（有無）

1.「ない」 2.「ときどきある」 3.「ある」

定義
「泣いたり、笑ったりして感情が不安定になる」行動の頻度を評価する項目である。ここでいう「泣いたり、笑ったりして感情が不安定になる」行動とは、悲しみや不安などにより涙ぐむ、感情的にうめくなどの状況が不自然なほど持続したり、あるいはそぐわない場面や状況で突然笑い出す、怒り出す等、場面や目的から見て不適当な行動のことである。

聞き取り方の例

突然泣いたり、突然笑ったりなどして、
困ることはありますか

注意すべき点

- 涙もろいなど昔からの性格の場合などはあてはまらない。
- 状況に合っておらず、感情が不安定で、度を超していたり長く続いたりなどがあてはまる。

関連用語

感情失禁	ちょっとのことですぐに泣いたり笑ったりなど、感情の調整がうまくいかないこと
不穏	落ち着きがない状態
鬱	抑うつ状態、悲しみや不眠が続くなどの症状がある精神障害のこと
統合失調症	妄想や幻覚、まとまりのない思考などが生じる精神疾患

第4群 精神・行動障害

◆特記事項文例

選択肢	特記事項文例
1.「ない」	・体が思い通りに動かず、娘にあたることが数ヶ月に1〜2回程度あるが、娘も本人のしんどさを理解して、受け止めている。 ・週2〜3回病気のことで悩んで泣いているが、がんの告知の時からであり、状況的に不適切でないと判断した。 ▶ もともと感情の起伏が大きいためで、場面や目的から不適当な行動ではないと判断する ・家族の話では、昔から涙もろく、テレビドラマなどを見ているとすぐに泣いてしまうことが、月1〜2回ある。 ・精神科病棟に入院中。精神安定剤を飲み、ひどい落ち込みなどがなくなり安定している。 ▶ 本来は情緒不安定であっても、薬で抑えられていれば「ない」を選択
2.「ときどきある」	・昔はなかったが、月2〜3回ほど、家族と普通に会話していると、急に怒って暴言を吐くなどがあり、家族も困っている。 ・認知症が発症してから、月1〜2回、家族が電話で話をしていると、急に理由不明で怒り、電話を切る。再度電話をすると何もなかったかのように話をし、家族は疲れる時がある。 ・高次脳機能障害の影響で、月2〜3回、急に怒ったり急に泣き出すため、周りはその都度、なだめている。
3.「ある」	・毎日、泣くような状況ではない場面で泣き出す。調査時にも、名前を尋ねただけで泣き出した。感情コントロールができなくなっている。 ・調査時も、質問途中に「もう帰ってくれ」と急に怒り出した。介護者によると、高次脳機能障害で、毎日急に笑ったり、急に「放っといてくれ」と怒り出したりする。 ・うつ症状があり、毎日落ち込んでいる。家事も手につかず、家も散らかっていた。親戚に電話をかけ、泣きながら「死んだほうがいい」と言うことが増え、落ち着くまで話を聞いている。

関連用語 ＜認知症の種類＞
アルツハイマー型認知症……一番多いとされる脳の萎縮が見られる認知症
レビー小体型認知症…………幻覚や幻視が見られるのが特徴の認知症
脳血管性認知症………………脳の血管の障害により起こる認知症
前頭側頭型認知症……………前頭葉と側頭葉の萎縮により起こる認知症。非社会的行為が見られる

4-4 昼夜の逆転（有無）

1.「ない」 2.「ときどきある」 3.「ある」

定義
「昼夜の逆転がある」行動の頻度を評価する項目である。ここでいう「昼夜の逆転がある」行動とは、夜間に何度も目覚めることがあり、そのために疲労や眠気があり日中に活動できない、もしくは昼と夜の生活が逆転し、通常、日中行われる行為を夜間行っているなどの状況を言う。

聞き取り方の例

昼夜の逆転はありますか	夜中に眠れずに起き出して、次の日に眠くて活動できないなどありますか

注意すべき点

- 単に眠れない、トイレに行くためによく起きるという行動だけを評価するのではなく、そのために日中の活動に支障が見られる状態が該当する。
- 夜に深夜まで起きていても、昼に日中の活動ができている場合は該当しない。
- 睡眠薬を飲むなど予防的な対策を取り、行動が現れていない場合は「ない」を選択し、具体的な対策を特記事項に記載する。

Column

物忘れと認知症の比較

　物忘れは、本人が自覚していますが、認知症は自覚がないことが多いです。また、物忘れが体験した一部を忘れるのに対して、認知症は体験したことそのものを忘れてしまいます。例えば「何の食事を取ったか」を忘れるのが物忘れで、「食べたこと自体」を忘れてしまうので認知症です。このため、物忘れは日常生活にそう支障はありませんが、認知症の場合は判断力も低下するため、大なり小なり支障が生じます。

3

第4群 精神・行動障害

◆特記事項文例

選択肢	特記事項文例
1.「ない」	・深夜2時頃まで起き、朝は10時に起きてくるが、昔からの習慣であり本人も活動しやすいとのこと。　[習慣になっている場合はあてはまらない] ・寝付きが悪く、なかなか寝られないが、次の日も昼間は起きて変わらず過ごす。　[昼間両方に影響していない場合はあてはまらない] ・頻尿で夜間にトイレに数回行くため起きるが、昼間も起きて活動し、昼夜逆転はしていないため「ない」を選択した。 ・眠れずに夜間に活動的だったが、1ヶ月前から睡眠導入剤を服用してからは、昼夜逆転がなくなった。
2.「ときどきある」	・月1〜2回程度、夜中に翌日のデイサービスに出かける準備をし、タンスを開け閉めする音で家族を起こす。次の日は、デイサービスでいすに座りずっと寝ている。 ・月1〜2回、夜眠れないのか、ごそごそと片付けを行い、同室の人から苦情が入っている。次の日は眠くてリハビリに参加できないなどがある。 ・日中に外出した日に興奮するのか、月2〜3回、夜中に大声で叫ぶなどして騒がしい。施設職員も眠るように促すが、なかなか治まらない。次の日はずっと横になり、食事時も起こさないと起きず、手間となっている。
3.「ある」	・週2〜3回は、昼にうとうととしてベッドで横になる。夜は眠れないのか何度もナースセンターに来て、看護師に話しかける。 ・毎日夜に、施設職員にパンなどをコンビニに買いに行くよう頼むため困っている。買いに行くまで欲求が続き、スタッフが買いに行くとパンを食べながらテレビを見ている。次の日は車いすに座り、うとうと寝ている。 ・毎晩夜間に家の中を徘徊でうろうろしている。鍵を閉め、外出することはないが、家族は足音で起こされている。次の日ソファで横になり、家族が起こしてもなかなか起きず、昼夜逆転が直らない。

4-5 同じ話をする（有無）

1.「ない」　2.「ときどきある」　3.「ある」

定義　「しつこく同じ話をする」行動の頻度を評価する項目である。

聞き取り方の例

- 何回も同じ話をしたりしますか
- 同じ話をされて周りが困ることはありますか

注意すべき点

- もともとの性格や習慣的な場合は該当しない。場違いに、何度も同じことを言う場合などにあてはまる。
- 単語を繰り返すだけではあてはまらず、同じ話（ストーリー）をする場合に該当する。

◆特記事項文例

選択肢	特記事項文例
1.「ない」	・週1〜2回、タバコの時間を何度も聞いてくるが、本人がタバコを吸いたいために何度も聞いてくるだけで場不相応ではないと判断した。 ・昔から同じことを何度も言う癖があり、家族も特にしつこく感じることはないとのことで「ない」を選択。（前からの性格ということなので、特に問題ではない）
2.「ときどきある」	・月1〜2回、食事時に隣の席の人に、戦争時の話を繰り返し何度も話すことがあり、隣の人は困っている。 ・月1〜2回、替えてもいないのに「カーペットや洗面所を誰が変えたのかな、前のとは違う」と何度も繰り返し言う。
3.「ある」	・毎朝3回程度「今日は晴れかな」「今日は何曜日」などしつこく何度も言うので、息子は答えるのを億劫に感じている。 ・職員が声かけした言葉をオウム返しに繰り返すことが毎日のようにある。調査時も「お名前は」と聞くと「お名前は」と何度も言った。 ・毎日、受診日や日々の予定を何度も聞いてくるため、夫が答えるのが疲れるとのこと。調査時も、夫に5分ごとにいつ誰が来るかと聞いていた。 ・毎日「ここはどこか」と日に何度も聞いてきて家族はストレスがたまっている。

第4群　精神・行動障害

4-6 大声をだす(有無)

1.「ない」　2.「ときどきある」　3.「ある」

定義　「大声をだす」行動の頻度を評価する項目である。ここでいう「大声をだす」行動とは、周囲に迷惑となるような大声をだす行動のことである。

聞き取り方の例

> 突然大声を出すなどして、家族が困るなどはありますか

> 怒った時に大声になる時はありますか

注意すべき点

● 難聴によるものや、もともとの性格や習慣的な場合は該当しない。

● 周りに迷惑となるような、場違いな大声を出す場合にあてはまる。

◆特記事項文例

選択肢	特記事項文例
1.「ない」	・妻を呼ぶ際に大声で呼ぶが、昔から妻を大声で呼ぶため習慣的なものと判断し、「ない」を選択した。　もともとの性格や生活習慣からの場合はあてはまらない ・耳が聞こえにくいため、会話時も大きめの声で話すが、難聴のため大きくなるだけで、場不相応ではないため「ない」を選択した。
2.「ときどきある」	・月1〜2回程度、独り言の声が隣の部屋まで聞こえるほど大きく、家族は夜に起こされて困っている。 ・月1〜2回、幻視を見るのか、夜寝ている時に大声で叫び、家族が起こされる。 ・月1〜2回、怒った時に窓から大声で叫び出し、家族が止めに行くまで叫ぶ。今まではなかったが認知症になり、この1年行動が激しくなっている。
3.「ある」	・毎日、看護師が食後に痰の吸引をしようとすると、「やめてくれ」と大声で叫んだり奇声を発したりするため、同室の患者から苦情がきている。看護師も対応に困っている。 ・週に1回程度、夜間に「看護師さん」と大声で叫ぶため、声がフロアに響きわたる。ナースコールで呼ぶように言っても何度も大声で叫ぶ。

4-7 介護に抵抗(有無)

1.「ない」 2.「ときどきある」 3.「ある」

定義
「介護に抵抗する」行動の頻度を評価する項目です。

聞き取り方の例

トイレを手伝うなどの介護をする際に、手を払われたり
叩かれたりすることがありますか

注意すべき点

● 助言しても無視して従わない場合や、デイサービスを休むなどの場合はあてはまらない。

● 介護者の手を払うなどの、介護に抵抗がある場合にあてはまる。

◆特記事項文例

選択肢	特記事項文例
1.「ない」	・入院時には看護師の手をつねるなどがあったが、自宅に戻って落ち着くと、介護抵抗はなくなった。 ・職員が日中横になってばかりで筋力低下防止のためレクリエーションに参加するよう促しても参加してくれないことはあるが、抵抗まではいかないので「ない」を選択した。 *単に、言うことを聞いてくれない場合は含まない*
2.「ときどきある」	・月1〜2回、機嫌が悪い時に介助すると、介護時に叩くなどがある。 ・月2回程度、オムツ交換を嫌がり、促しても交換できず、長時間交換できないために、ベッドのシーツなどにもらしてしまう。 ・月2〜3回、デイサービスの送迎時に車の乗り降りを嫌がることがあり、促しても車にしがみつき降りないなど抵抗する。職員は降りてもらうよう説得するが、時間がかかる。
3.「ある」	・週2回程度、食事介助の時に手を払うなどがある。 ・毎日のように、着替え時に妻の手をつねるなど抵抗がある。週1回の入浴も嫌がり、服も着替えに1時間程度かかってしまう。他にも、デイサービスの車から降りたがらず、誘導するとひっかく。 ・毎日、痰の吸引時に看護師を叩いたり蹴ったりなどがある。

3

第4群 精神・行動障害

4-8 落ち着きなし(有無)

1.「ない」　2.「ときどきある」　3.「ある」

定義
「『家に帰る』等と言い落ち着きがない」行動の頻度を評価する項目である。ここでいう「『家に帰る』等と言い落ち着きがない」行動とは、施設等で「家に帰る」と言ったり、自宅にいても自分の家であることがわからず「家に帰る」等と言って落ち着きがなくなる行動のことである。「家に帰りたい」という意思表示と落ち着きのない状態の両方がある場合のみ該当する。

聞き取り方の例

施設にいる時に家に帰りたがって、そわそわしていることはありますか

自宅にいるのに「家に帰る」と言って、玄関に行くことはありますか

注意すべき点

● 「家に帰る」等と言って、落ち着きがない行動の頻度を評価する。

● 「家に帰りたい」という意思表示と、落ち着きのない状態の両方がある場合のみ該当し、単に「家に帰りたい」と言うだけで、状態が落ち着いている場合は含まない。

◆特記事項文例

選択肢	特記事項文例
1.「ない」	・入院中、「家に帰りたい」と言って落ち着きがなかったが、今は退院し、落ち着きを取り戻したため「ない」を選択。 ・家に帰りたいと毎日言うのみで、そわそわするなどはないため「ない」を選択した。　状態が落ち着いている場合は含まない
2.「ときどきある」	・デイサービスで、月2回程度、途中で早く帰りたがる。靴を履いて、出口で帰ろうとそわそわするため、職員がなだめる。 ・週1回のデイサービスで月1〜2回程、「どうしても帰らないといけない」と言って帰る準備を始める。早く送迎に来るよう職員に何度も訴えるため、職員は気を紛らわせる工夫をしている。
3.「ある」	・週3回デイサービスに行く度に、昼過ぎになると「帰りたい」と言い出し、玄関でそわそわして靴を履き始める。職員が引き止め、なだめるなど時間が発生している。 ・施設入所中。週1回程度、夕方になると「さあ、もう家に帰らなければ」と言って、帰る準備を行い、「家族に迎えに来るように連絡して」と職員に何度も訴える。 ・毎日夕方になると「実家に帰る」と言い出し、家の門の外に出たがるので、家族が毎日見守り、出ないように注意している。

4-9 一人で外に出たがる（有無）

1.「ない」　2.「ときどきある」　3.「ある」

定義　「一人で外に出たがり目が離せない」行動の頻度を評価する項目である。

聞き取り方の例

一人で勝手に外出しようとして、ご家族が困ることはありますか

注意すべき点

- 対策により外に出なくなった場合、歩けない場合は該当しない。
- 一人で出たがる、出ようとする行動があり、目が離せない場合にあてはまる。

◆特記事項文例

選択肢	特記事項文例
1.「ない」	・半年前は勝手に外に出てしまう徘徊があったが、圧迫骨折で歩行困難になり、一人で出ることはなくなった。 ・半年前は玄関の鍵を開けて出ようとしたが、玄関に「出かける時は声をかけて」と貼り紙をしてからは勝手に出なくなった。 ・3ヶ月前には一人で家の周りをうろうろしていたが、最近は寒くて本人も出たがらず、この1ヶ月はない。
2.「ときどきある」	・月1～2回、施設のエレベーターに乗って外に出ようとするため、部屋に戻るよう職員が促す。一度外まで出てしまい警察に保護されたことがあった。 ・歩行が不安定だが、体調がよい時は、月1～2回程度、玄関まで行き「庭に用事がある」と言い外に出ようとする。転倒の可能性もあり危ないのでやめるよう家族が言い聞かす必要がある。
3.「ある」	・週1回程度、家から出ようとし、鍵を開けようとする。自分で家に戻れないため、一人で出ないように言っている。家族は常に注意していないといけないため、気が張って疲れている。 ・施設内で毎日出口の前で待ち、人が通りドアが開いた時に出ようとするため毎回職員が見守っている。

> 環境上の工夫等で外に出ることがなくなった場合は該当しない
>
> 季節によって変化するものでも、直近1ヶ月間でない場合は「ない」を選択

第4群　精神・行動障害

4-10 収集癖（有無）

1.「ない」　2.「ときどきある」　3.「ある」

定義　「いろいろなものを集めたり、無断でもってくる」行動の頻度を評価する項目である。ここでいう「いろいろなものを集めたり、無断でもってくる」行動とは、いわゆる収集癖の行動のことである。

聞き取り方の例

> デイサービスの備品などを、勝手に持って帰ってくることはありますか

> 同じような物を、何か集めたりすることはありますか

注意すべき点

● 昔からの習慣で集めたりするのでなく、明らかに状況に合っていない場合にあてはまる。

◆特記事項文例

選択肢	特記事項文例
1.「ない」	・包装紙や箱を昔から集めて再利用をしている。状況的にも問題ないと判断できたため「ない」を選択。 ・ティッシュをポケットに何枚も入れているが、家族によると、1970年代のオイルショック以降にティッシュをためる習慣がつき、手が汚れた時に使うため問題がないと判断し、「ない」を選択した。
2.「ときどきある」	・月1〜2回はトイレットペーパーをデイサービスから持って帰り、ベッド下にしまい込んでいる。たまってきた時に定期的にデイサービスに家族が返却している。 ・月1〜2回、近隣に植えられている花や植木鉢を持ち帰るなどがあり、その度に家族が謝罪に行く。秋には、隣人の柿の木から勝手に持ち帰ってきた柿が玄関に沢山置いてあることがあった。 ・月2〜3回、デイサービスの施設のパンフレットの紙を持ち帰り、切ってメモ用紙にしている。妻は持って帰らないように言うが、聞かない。
3.「ある」	・週に1回程度、デイサービスのタオルをカバンに入れて、持って帰ってくる。注意しても直らず、娘が施設に返している。 ・週2〜3回、道に落ちている板や木、落とし物の片方の手袋等を持って帰ってくる。部屋が持って帰ってきた物であふれかえっている。

4-11 物や衣類を壊す（有無）

1.「ない」 2.「ときどきある」 3.「ある」

定義
「物を壊したり、衣類を破いたりする」行動の頻度を評価する項目である。

聞き取り方の例

何か物を壊そうとする
ことはありますか

物を壊したり、衣類を破いたり
などすることはありますか

注意すべき点

● 実際に物が壊れなくても、物を壊そうとする行動があれば、あてはまる。
● 対策を取ったところ、物を壊そうとする行動がなくなった場合は、「ない」を選択し、状況や手間などを特記事項に記載する。
● 捨ててはいけない物を捨てる行為もあてはまる。

◆特記事項文例

選択肢	特記事項文例
1.「ない」	・以前は自分宛てに来た郵便物を隠したり捨てたりするため、家族が再発行の手続きをするなど大変だった。宛先をすべて夫宛てに変え対応しているため、郵便物を捨てることがなくなった。 **対策したら行動がなくなった場合は、「ない」を選択。予防的手段が講じられていない場合は、状況や介護の手間、頻度を特記事項に記載する**
2.「ときどきある」	・月2〜3回、怒った時にガラスや陶器などの食器を壁にぶつけて壊すなどがある。届かないところに隠すが、見つけては行うため、家族は困っている。 ・月1〜2回程度、タオルや衣類をハサミで切る行動がある。家族の大事な衣類を切られたことがあり、注意しているが家族の留守時に行うため困っている。
3.「ある」	・毎日、自分の服を裏から糸を少しずつ外し、1ヶ月程度かけて服を着ることができないようにしてしまう。 ・週2〜3回、時計やカバンなどの物を投げて壊す。ある時は施設の大事な季節の飾り物を投げて大問題になった。調査時にも、急に不機嫌になり、ティッシュ箱を投げていた。 ・オムツの中綿を週に1回程度ほじくり出したり、使用済みオムツを引きちぎったりがある。

第4群 精神・行動障害

4-12 ひどい物忘れ(有無)

1.「ない」 2.「ときどきある」 3.「ある」

定義
「ひどい物忘れ」行動の頻度を評価する項目である。ここでいう「ひどい物忘れ」行動とは、認知症の有無や知的レベルは問わない。この物忘れによって、何らかの行動が起こっているか、周囲の者が何らかの対応をとらなければならないような状況(火の不始末など)をいう。

聞き取り方の例

- 火の不始末など、ひどい物忘れなどありますか
- 周りが対応しないといけないような物忘れはありますか

注意すべき点

- 認知症でなくてもあてはまる場合がある。
- ひどい物忘れがあっても、周りの対応の必要がない場合はあてはまらない。
- ひどい物忘れがあっても、それが原因で行動を取っていない場合はあてはまらない。
- **年相応や、ちょっとした物忘れではあてはまらない。**
- 対策を取ったところ、ひどい物忘れがなくなった場合は、「ない」を選択し、状況などを特記事項に記載する。

Point! 「3-4 短期記憶」が「できない」であっても、この項目にあてはまる場合や、逆に「3-4 短期記憶」が「できる」であっても、この項目にあてはまらない場合があります。

Point! 年相応の物忘れと記載せず、どんな物忘れか具体的に特記事項に記載しましょう。虐待などが把握できた場合は保険者に速やかに報告します。

◆特記事項文例

選択肢	特記事項文例
1.「ない」	・週1〜2回、物をなくすが、自分で探す。周りが対応しているわけではないため「ない」を選択した。 **本人が何らかの行動もできず、周囲の対応も必要ない場合「ない」を選択** ・寝たきりで意思疎通ができない状態で、対応しないといけないひどい物忘れもない。 **対策を取ることで問題がなくなった場合は「ない」を選択し、詳細を記載する** ・以前にはガスのつけっぱなしなどがあり、注意が必要だったため、IHクッキングヒーターに変えるなどした。消し忘れても自動的にオフになるため、対応の必要がなくなった。
2.「ときどきある」	・約束をして娘が迎えに行っても月1〜2回、病院に行く約束を忘れ、自分で買い物に出てしまっていることがある。娘は前日に電話するが、忘れる時があり、困っている。 ・月1〜2回、訪問介護のヘルパーに自分で買い物を頼むが、頼んだことを忘れ、買ってきた物に対して「頼んでいない」と言い、ヘルパーが対応に困っている。
3.「ある」	・歯磨き、洗顔、衣類の着替え方など、日常生活の動作を忘れている。その都度、妻が教え、声かけが必要である。 ・電化製品の使い方を忘れているため、レンジやエアコン、テレビなどのオンオフを、本人に頼まれ家族が代わりに行っている。 ・週1〜2回、水の出しっぱなしやエアコン、テレビのつけっぱなしがあり、娘が止める。 ・食事をしたことを忘れ、何度も「ご飯はまだか」と聞くので娘が食べたことを伝えるが納得しないため、菓子類を与えて気を紛らわせたりしている。 ・毎日、日常生活のあらゆることを忘れていて、声かけが必要。歯磨きの仕方、洗顔、トイレの場所などすべて家族が教えている。また家中にやり方を教える紙が貼ってある。 ・週2〜3日、通帳や財布を「盗られたら困るから」と言って自分で隠すが、隠した場所がわからなくなり、家族が一緒になって探すと、棚の裏や下駄箱などから出てくる。

3

第4群

精神・行動障害

4-13 独り言・独り笑い(有無)

1. 「ない」　2. 「ときどきある」　3. 「ある」

定義　「意味もなく独り言や独り笑いをする」行動の頻度を評価する項目である。ここでいう「意味もなく独り言や独り笑いをする」行動とは、場面や状況とは無関係に(明らかに周囲の状況に合致しないにも関わらず)、独り言を言う、独り笑いをする等の行動が持続したり、あるいは突然にそれらの行動が現れたりすることである。

聞き取り方の例

意味もなく、ぶつぶつ一人で何かを話していることはありますか

急に一人で笑っていることはありますか

注意すべき点

● 以前からの習慣や性格的なものなどでは該当しないが、状況から不自然な場合などはあてはまる。

◆特記事項文例

選択肢	特記事項文例
1.「ない」	・毎日、テレビを見ながら独り言を言う。家族に聞くと、もともとの性格とのことで「ない」を選択した。 ・1年前は会話や独り言があったが、現在は寝たきりで発語もなくなった。
2.「ときどきある」	・月1〜2回、家族への不満をぶつぶつ一人で唱えるように文句を言う。 ・月2〜3回、幻視があり、誰もいないところに向かって「こっちに来ないで」と叫んだり、誰かと話しているように話を続けたりすることがある。
3.「ある」	・週1回ほど、場面や状況は無関係に、誰もいないところに向かって話しかけていることがある。家族は今のところ何も対応していない。 ・毎日手を叩いて歌を歌ったり、何かお経のような言葉を大きな声で言い続ける。調査時もずっと意味不明なことを言い続けていた。

自分勝手に行動する（有無）

1.「ない」　2.「ときどきある」　3.「ある」

定義　「自分勝手に行動する」頻度を評価する項目である。ここでいう「自分勝手に行動する」とは、明らかに周囲の状況に合致しない自分勝手な行動をすることである。

聞き取り方の例

勝手な行動を取られたことで、周りが困ったことはありますか

注意すべき点

- もともとの性格が「自己中心的」「わがまま」などの場合はあてはまらない。状況に合っていない場合にあてはまる。
- 他の項目も該当する場合はすべて選択する。例えば、認知症があり家族が止めても勝手に出かけようとする場合は、「4-14 自分勝手に行動する」と「4-9 一人で外に出たがる」の二つに該当する。

◆特記事項文例

選択肢	特記事項文例
1.「ない」	・勝手に自分で旅行などは決めるが、自己中心的なのは昔からの性格であり、もともと自分で決めてしまうところがあった。 ・以前には、外出した際に勝手に帰ることがあったが、現在は筋力低下のため外出も減り、勝手な行動もなくなった。 ・転倒しやすく危ないため、立ち上がる際に一人で立たないように言い聞かせ、また安全ベルトをしたため、なくなった。
2.「ときどきある」	・歩行不安定で付き添いが必要だが、コールをせず勝手に歩くことが月1～2回ある。以前、転倒し顔を打撲したことがある。センサーマットを敷き、看護師が駆けつけている。 ・月1～2回、点滴中に機嫌が悪くなり、点滴を勝手に抜く。以後は点滴中には看護師が側で見守り、抜かないように注意をしている。
3.「ある」	・週2～3回、自分が通る道に他の入所者がいても車いすでぶつかっていく。危ないため移動時には職員が車いすを押すが、自走したがるため職員は困っている。 ・毎日机の上や廊下に寝転ぶ、隣の入所者の部屋に勝手に入るなどの問題行動があり、24時間態勢で見守りが必要である。職員の手間となっている。 ・週1回程度、徘徊があり、家族が出ないように言っても勝手に家の鍵を開けて出かけてしまう。

> 性格によるものであるなら「ない」を選択

> センサーや安全ベルトなど防止措置を取ることで、行動がなくなった場合は「ない」となり、その旨を特記事項に記す

4-15 話がまとまらない（有無）

1.「ない」　2.「ときどきある」　3.「ある」

> **定義**
> 「話がまとまらず、会話にならない」行動の頻度を評価する項目である。ここでいう「話がまとまらず、会話にならない」行動とは、話の内容に一貫性がない、話題を次々と変える、質問に対して全く無関係な話が続く等、会話が成立しない行動のことである。

聞き取り方の例

急に話が飛んだり話がかみ合わないなど、会話にならないことはありますか

話がまとまりにくいなどありますか

注意すべき点

● 昔からの性格や習慣ではなく、明らかに状況に合っていない場合にあてはまる。

◆特記事項文例

選択肢	特記事項文例
1.「ない」	・調査中、質問に的確に答えた。また、妻も日頃の会話に問題はないとのこと。 ・失語症であり、会話はしづらいが会話がまとまらないわけではない。 ・認知症があるので間違うことはあるが、会話はそれなりにかみ合っている。
2.「ときどきある」	・日頃、会話は普通にできているが、月1～2回、体調が悪い時に、聞いたことと全く違うことを話し、会話が成立しない。 ・月1回程度、献立の話をしていても、急に仕事の話になることがある。対応しないと機嫌が悪くなるため、家族は適当に合わせている。
3.「ある」	・調査中も聞いたことと違う話をすることが多く会話が成立しづらかった。日頃も毎日会話にならないことが多く、まとまりがなく話すため、妻は疲れている。 ・週2～3回、話が次々に飛び、会話がかみ合わない。 ・毎日1回は、会話中に何回も「今日は雨かな」と、突然違うことを言い出し、会話が成立しづらい。高次脳機能障害のため、尋ねたことと全く違う話をすることが多く、本人の気になることがあると、何を聞いても同じことを言う。

第5群

社会生活への適応（6項目）

第5群は、薬の内服や金銭の管理、買い物などの社会生活を行う「能力」と、日常の意思決定や集団への参加ができないなどの社会生活への「適応」に関して調査を行うグループです。

「5-1」「5-2」「5-5」「5-6」（介助の方法）の共通の注意点

●実際の状況とは異なるが「介助が必要」あるいは「介助が必要ではない」と判断した場合は、より適切と考える選択肢を選び、不適切な理由を書く（実際の状況と異なる選択肢を選ぶには、下記のような説得的な理由が必要）。

・「介助が必要」と考えられるのは、①独居で介助者がいない、②介助者はいるが、介護放棄や介護抵抗がある、③介助者が介助できない事情がある、などのケース。

・「介助が必要ではない」と考えられるのは、自分でできそうなのに本人の自立を阻害しているものがある。

「5-1」「5-5」「5-6」の共通の注意点

●調査日の状況と、日頃の状況とが異なる場合は、調査日から概ね過去1週間の状況で判断する。その際に、日頃の状況との違いや、判断の根拠などを具体的に特記事項に記載する。

5-1 薬の内服（介助の方法）

1.「介助されていない」 2.「一部介助」 3.「全介助」

定義 「薬の内服」の介助が行われているかどうかを評価する項目である。ここでいう「薬の内服」とは、薬や水を手元に用意する、薬を口に入れる、飲み込む（水を飲む）という一連の行為のことである。

聞き取り方の例

- お薬の管理は誰がされていますか
- お薬を正しく飲めていますか
- お薬と水は誰が用意していますか

注意すべき点

- 薬局での分包は介助とはならない。介助者が分包を行う場合は「一部介助」となる。
- 注射や塗り薬などは含まない。内服薬や、経管栄養からの薬の注入に限定する。
- 内服薬を飲んでいない（処方されていない）場合は、処方された場合を想定し、適切な選択を行う。その理由も記載する。
- 介護者が薬を口まで運ぶ場合は理由も記載する。
- 行われている介助が適切でない場合は、本来あるべき適切な選択を行い、選択した理由を記載する。
- 経管栄養の場合は注入の介助の方法で選ぶ（食事摂取の経管栄養と同じ考え方）。
- 過去1週間以内の頻度で選択する。

Point!
- 本人が薬を適宜飲むが、週1～2回程度の飲み忘れがあり、その際に声をかける場合 ➡ 頻回状況により「介助されていない」
- 介護者が薬を薬カレンダーに入れ、本人がそこから取り出して飲む場合 ➡「一部介助」
（薬カレンダーに薬を入れることは、飲む指示を行う介助と同等とみなされる）
- 薬は自分で管理していても、介護者が水を用意する場合 ➡「一部介助」
- 薬は介護者が口まで運ぶが、自分で水を口まで運んで飲む場合 ➡「一部介助」
- 介護者が水と薬を口まで運ぶ場合 ➡「全介助」

◆判断ポイントと特記事項文例

選択肢		判断のポイント／特記事項の文例
1.「介助されていない」	判断	「薬の内服」の介助がない場合。
	文例	・薬局で分包されているものを、毎日自分で管理して飲んでいる。 ・パーキンソン病の薬を毎日自分で用意して飲むが、週2〜3回飲み忘れがあり、家族が水と薬を用意する。頻度より「介助されていない」を選択。 ＞あらかじめ薬局での分包されている場合は介助ではないとされる
2.「一部介助」	判断	・介護者による薬を飲む際の見守り、飲む量の指示等がされている場合。 ・薬や水を用意するなど、薬を飲む一連行為の一部に介助がある場合。 ・介護者がオブラートに包んだり、分包したりする場合。
	文例	・過剰服用や飲み残しがあり、必要な分量を服用しないため、娘が毎日薬を手に渡せば自分で口まで運んで飲む。本人が分量通り飲むか娘が見守っている。 ・薬を落とすため介護者が口まで入れるが、水は自分で前に置かれたコップを持って飲む。 ・独居。薬の管理は自分で行っていたが、薬が大量に余っていたことから、定期的にケアマネが薬カレンダーに分け入れ、そこから毎日自分で取り出して飲む。 ・物忘れもあり、薬を飲んだり飲まなかったりするが、介護拒否があり、本人は家族に「放っておいてくれ」というため家族は介助していない。薬を飲まないと血圧が高くなり、家族が促す必要があると判断し「一部介助」を選択した。 ＞薬カレンダーで本人への指示を行っていると考えられ、「一部介助」となる ＞実際には介助がされていなくても、本来適切と思われる方法を選択し、その理由を記す
3.「全介助」	判断	薬や水を手元に用意する、薬を口に入れる一連の行為に介助がある場合。
	文例	・胃ろうを造設し、職員が朝と晩に薬を注入する。 ・パーキンソン病で手に振戦があり、手から薬をこぼすため、家族が薬を口まで運び、水も口まで家族が運ぶ。 ・飲み込みが困難であり、職員がゼリーと一緒に混ぜて口まで運ぶ。 ＞経管栄養（胃ろうを含む）の場合、注入の介助の方法で選ぶ ＞介護者が薬を口まで運ぶ場合、水も口まで運ぶかの確認が必要

3

第5群 社会生活への適応

5-2 金銭の管理(介助の方法)

1.「介助されていない」　2.「一部介助」　3.「全介助」

定義

「金銭の管理」の介助が行われているかどうかを評価する項目である。ここでいう「金銭の管理」とは、自分の所持金の支出入の把握、管理、出し入れする金額の計算等の一連の行為である。

聞き取り方の例

- お金の管理は、ご自身でされていますか
- 小遣い程度のお金の管理は、ご自身でされていますか
- 預金や年金も、ご自身で管理されていますか

> お金の話には抵抗がある人もいるので、第3群の認知機能などの項目や「買い物の支払いどうしていますか」などと買い物の項目と合わせて聞いてもよい

注意すべき点

- 預金口座からのお金の出し入れの介助は判断に含まない。
- 能力ではなく、実際に介助があるかどうかで選ぶ。

Point! 手元に金銭を持っているかではなく、預金や給付金などを自分で管理しているかどうかがポイント。自分で管理していても不適切と思われる場合は特記事項に記載します。

◆判断ポイントと特記事項文例

選択肢		判断のポイント／特記事項の文例
1.「介助されていない」	判断	・「金銭の管理」の介助がされていない場合。 ・所持金（預金通帳等）の支出入の把握や管理を自分で行う、出し入れする金額の計算を介助なく自分で行う場合。
	文例	・ALSで四肢麻痺があり寝たきりのため、娘に銀行で出金などは行ってもらうが、預金額なども把握し、本人が管理しているとのことで「介助されていない」を選択。　　＜銀行からのお金の出し入れに介助があっても、支出入の管理には介助がないので、「介助されていない」を選択する＞ ・ヘルパーに預金を銀行でしてもらうが、残高も確認し、自分で管理する。
2.「一部介助」	判断	・金銭の管理に何らかの介助がある、または、小遣い銭のみ自己管理する場合。 ・介護者が支出入について確認する場合。
	文例	・預金口座と通帳は息子が管理しているが、日々の生活費程度は自分で管理する。 ・自己管理しているが、大きな買い物をしたりする。先日は詐欺にあい大金を振り込むなどがあった。今後は息子が管理すると説得をしている。息子による預金管理の介助が必要と判断し「一部介助」を選択した。
3.「全介助」	判断	・「金銭の管理」のすべてを介助されている場合。 ・認知症などで金銭の計算ができず、支払いが発生した時に、介護者が財布にあらかじめ入れておいたお金の出し入れのみ行う場合。
	文例	・管理する能力はあると思われるが、現在は入院中なので預貯金などの支出入を全く管理、把握しておらず、家族に任せている。　＜能力があっても現状で選択する＞ ・認知症があり、お金を少しでも持たせると人に配ったり失くしたりするため、息子がすべて管理している。 ・意思疎通できず、自分で管理できない。親戚がいないことから成年後見人がすべて管理する。 ・認知症があり、お金の管理はできないが、持たないと落ち着かないため、少額を入れた財布を持たせている。持たせているだけなのでお金は全く使わず、金銭の管理は家族が行っている。 ・本人が自分で菓子類を買いに行くが、計算ができず、支払いをお札でしか出せず、小銭がたまっている。毎回、家族が財布にお札を入れ、本人は使う際のお金の出し入れのみを行う。財布の残りは家族が確認している。　＜介護者が財布にあらかじめ準備したお金の出し入れのみを行う場合は「全介助」を選択する＞

5-3 日常の意思決定（能力）

1.「できる（特別な場合でもできる）」　2.「特別な場合を除いてできる」
3.「日常的に困難」　4.「できない」

定義　「日常の意思決定」の能力を評価する項目である。ここでいう「日常の意思決定」とは、毎日の暮らしにおける活動に関して意思決定できる能力をいう。

聞き取り方の例

- 毎日のお洋服や献立はご自身で選びますか
- 治療内容などはご自身で確認されていますか

注意すべき点

- 「特別な場合」とは、サービス内容などケアプランの作成や、手術や治療方針の決定、イベントなどへの参加の決定などが自分でできる場合である。
- 特別な場合を除いた日常的な意思決定とは、食事メニューや洋服の選択、見たいテレビ番組といった日常生活での様々な選択である。
- 「意思決定」とは決定する内容を理解しているかで判断する。
- 選択に迷った場合は、その理由を特記事項に記載する。

「3-1 意思の伝達」と「5-3 日常の意思決定」の違い

「3-1 意思の伝達」では、合理性がなくてもいいので意思の伝達ができるかの能力を問われるのに対し、「5-3 日常の意思決定」は、内容を理解した上で意思決定できるかを問う能力です。例えば「食事の献立は自分で選びますか」という質問に「おなかがすいた」と答える場合、「3-1 意思の伝達」は「できる」となりますが、「5-3 日常の意思決定」は「できない」となります。

◆判断ポイントと特記事項文例

選択肢		判断のポイント／特記事項の文例
1. 「できる（特別な場合でもできる）」	判断	常時、あらゆる場面で意思決定ができる場合。
	文例	・すべて一人で決め、手術内容やケアプランも自分で決めている。 ・調査時もしっかり自分の意思を伝えていた。サービス内容や入退院などを決める時も、自分で意思決定を行えるとのことで「できる」を選択。
2. 「特別な場合を除いてできる」	判断	日常生活状況で、見たいテレビ番組や献立、着る服などの意思決定などはできるが、「特別な場合」には指示や支援を必要とする場合。
	文例	・テレビ番組や食事メニューは自分で決める。手術の内容やサービス内容など、複雑なことは必ず家族と一緒に決める。 ・その日に着る服や食事は自分で決めるが、「自宅のリフォーム」など、複雑な判断を行うことは難しく、必要のない箇所までを誤まって契約したことがあり「特別な場合を除いてできる」を選択。
3. 「日常的に困難」	判断	慣れ親しんだ日常生活状況でも、意思決定がほとんどできないが、時としてテレビ番組や献立、着る服を選ぶことがある場合。
	文例	・「風呂に入りたくない」と月1〜2回言う（意思決定を行う）程度で、日頃は、服や食事を選ぶことは困難なため、「日常的に困難」を選択した。 ・食べたい物の意思決定ができる時が週1回程度あるが、その他は理解力や判断力の低下により、日常生活の決定はほとんどできない。 ・2週間に1回程度、体調がいい時は、飲み物を「お茶が飲みたい」などと意思を伝える。日頃は職員の指示や声かけで生活しており自分で選択できていないことが多い。
4. 「できない」	判断	意思決定が全くできない場合。 意思決定ができるかどうかわからない場合。
	文例	・重度の認知症があり、意思疎通が困難で発語もなく、意思決定はできない。テレビも流れているだけで、自分で番組を選ぶことは困難。すべての日常の行為に、指示がないと動かない。 ・1日中、車いすでウトウトしている。指示が通らず、会話もできないことが多い。職員が全介助で行っている。

> 意思決定は理解して決定しているかが大切で、この場合、認知機能の低下で理解が困難とされる

3

第5群

社会生活への適応

5-4 集団への不適応（有無）

1.「ない」 2.「ときどきある」 3.「ある」

定義　「集団への不適応」の行動の頻度を評価する項目である。ここでいう「集団への不適応」の行動とは、家族以外の他者の集まりに参加することを強く拒否したり、適応できない等、明らかに周囲の状況に合致しない行動のことである。

聞き取り方の例

レクリエーションなどに参加されていますか

デイサービスなどで何かトラブルなど問題が起きたりしていませんか

集まりなどへの参加を強く拒否するとか、適応できないといったことはありますか

注意すべき点

● 性格的なものや習慣的な理由で集団に参加しない場合にはあてはまらず、明らかに状況に合っていない行動の場合にあてはまる。

● 過去1ヶ月以内の頻度で選択する。

◆判断ポイントと特記事項文例

選択肢		判断のポイント／特記事項の文例
1.「ない」	判断	・集団への不適応が過去1ヶ月間に1回もない場合や月1回以上の頻度もない場合。 ・意識障害、寝たきりなどで集団活動に参加する可能性がほとんどない場合。
	文例	・人と接するのが苦手だが、昔からの性格とのことで、集団の不適応ではないと判断した。 ・近所の老人会にも参加しており、人と話すことが多く、問題なく集団に適応している。 ・意思疎通できず、寝たきりで発語もないため、集団生活への参加はしていないため「ない」を選択。

選択肢		判断のポイント／特記事項の文例
2.「ときどきある」	判断	集団への不適応が少なくとも1ヶ月に1回以上、1週間に1回未満の頻度である場合。
	文例	・月1～2回、機嫌の悪いときがあり、部屋にこもって職員が話しかけても返事をしないことがある。食堂に来ても周りの人と話をせず、机を叩いたりする。 ・週1回、デイサービスに参加するが、月に1～2回ほど隣の席の人と喧嘩を始めて暴れ出すことがある。席を替えても変わらないため職員はなだめるのに苦労している。
3.「ある」	判断	少なくとも1週間に1回以上の頻度である場合。
	文例	・週1回程度、レクリエーションに参加した際に、自分の好きなプログラムでないと機嫌が悪くなり、急に大声で叫ぶなどがあり、職員が部屋に戻るよう促す。 ・引きこもりがあり、週1回程度、妻の親戚や知り合いが訪ねても挨拶もない。同じ場にいても話をせず、イライラするのか床を蹴ったりする。家族は人を家に連れてくるのが億劫になっている。 ・週1～2回、食堂の同じテーブルの人と揉めて喧嘩になったり、気に入らない人を追い出したりすることがあり、その度に職員が仲裁に入る。

Column

（能力が）「できる」のであれば、特記事項には詳細を書かなくてもいい？

　特記事項への記載がないと、本当に何も問題がないのか、あるいは確認漏れなのか、不明です。このため「自分で爪を切る」「自分で問題なくトイレで行う」など一言でも記載すべき、とする保険者（市町村）が多いと思いますが、「基準以上の特筆すべき状態でなければ、細かく状況を書く必要はない」とする保険者もあります。保険者によって異なりますので確認しましょう。

　選択肢だけでは表現できない「自分で行うが、やりづらい点がある」など、何らかの支障を聞き出して記載すると、わかりやすい調査票となります。認定調査員は本人の状況をしっかり審査会に伝える役目があるので、本人がどういった状態かを、その場にいない人にもよりわかりやすく伝える工夫が大切です。

　本人が自立しており、第3群、第4群ともに問題ない場合などは、第3群は「すべて言えて、理解している」、第4群「すべて問題行動なし」とまとめて記載してもよいとされています。

5-5 買い物（介助の方法）

1.「介助されていない」　2.「見守り等」　3.「一部介助」　4.「全介助」

定義　「買い物」の介助が行われているかどうかを評価する項目である。ここでいう「買い物」とは、食材、消耗品等の日用品を選び（必要な場合は陳列棚から商品を取り）、代金を支払うことである。

聞き取り方の例

- 食材や日用品など、日々の買い物はお一人で行きますか
- 誰かに手伝ってもらいますか
- 品物はご自身で選んでいますか
- 支払いはどうしていますか

注意すべき点

- 日用品や食材の買い物で判断する。ジュースやお菓子など嗜好品は含まない。
- 店舗への移動や、店舗内での移動に対する介助は考慮しない。
- インターネットや電話での注文も買い物とされる。
- 「能力」を評価するのではなく、「実際に介助があるかどうか」で選ぶ。状況が不適切な場合は適切な介助を選択し、選択した理由を記載する。
- 過去1週間以内の頻度で選択する。

近くのスーパーが配達してくれる場合は？

例えば、宅配してくれるスーパーやコープ（生協）などに自分で品物を注文して玄関まで運んでもらう場合は、介助者が介助しているわけではないので「介助されていない」となります。

◆判断ポイントと特記事項文例

選択肢		判断のポイント／特記事項の文例
1.［介助されていない］	判断	・買い物の介助がされていない場合。 ・食材などの日用品を選び、代金を支払うことを介助なしで行う場合。 ・店舗などに自分で電話をして注文し、自宅へ届けてもらう場合。
	文例	・週1〜2回、シルバーカーを使い、徒歩で近くのスーパーに主な食材を買いに行く。月1〜2回、重い米や洗剤類は娘が買いに行く。頻回状況により「介助されていない」を選択。 ・自分でスーパーに行って食材などを購入し、店に運んでもらうよう手配している。 ・歩行できず、店舗に行くことができないので、自分で近所のスーパーに電話をして、自宅へ届けてもらっている。 **サービスの一部として提供される配達などは、介助とは考えない**
2.［見守り等］	判断	確認、指示、声かけなどが行われている場合。
	文例	・自分でスーパーに行って商品を選ぶが、会計時にとまどい、どのお金を出すかわからない時があるため、介護者が一緒に付き添い、見守る必要がある。 ・独居のため自分で買い物に行く。認知症があり、同じものをいくつも買い冷蔵庫に入りきれないことがある。介護者が買い物に付き添って、声かけや見守りを行うことが必要であると判断し、「見守り等」を選択。
3.［一部介助］	判断	・陳列棚から取る、代金を支払うなど、買い物の行為の一部に介助がある場合。 ・本人が頼み、介護者が買いに行く場合。 ・本人が重複して買ったものを、介護者が返品する場合。 **家族やヘルパーに買い物を頼む行為も買い物の一連行為となる**
	文例	・重いものを持てないため、息子夫婦に商品代金を支払い、必要なものを買ってきてもらうことが多い。 ・買い物には息子が付き添い、商品は本人が陳列台から取り、息子がレジで支払いを済ます。財布から金銭を支払う行為が本人ではゆっくりで時間がかかる。 ・自分でカタログから商品を決め、家まで業者に配達してもらう。ただし、手にしびれがあって注文書への記入がしづらく、娘に書いてもらっているため「一部介助」を選択した。 ・買い物には一人で行くが、同じものを複数買ってくるため、後で家族が返品に行くとのこと。このため「一部介助」を選択した。 **介助には、「買い物の依頼」「買い物を頼んだ人への支払い」など部分的な行為も含む**
4.［全介助］	判断	買い物のすべてに介助が行われる場合。
	文例	・月1〜2回、ちょっとしたものは自分で買いに行くこともあるが、主には、週2〜3回、夫か娘が代わりに買い物に行く。 ・寝たきりで意識障害があり、意思疎通できない。家族や病院が購入している。 **より頻回の状況で選択するので「全介助」を選択**

3

第5群 社会生活への適応

5-6 簡単な調理（介助の方法）

1.「介助されていない」　2.「見守り等」　3.「一部介助」　4.「全介助」

定義
「簡単な調理」の介助が行われているかどうかを評価する項目である。ここでいう「簡単な調理」とは、「炊飯」、「弁当、惣菜、レトルト食品、冷凍食品の加熱」、「即席めんの調理」をいう。一定期間（調査日より概ね過去1週間）の状況において、より頻回に見られる状況や日頃の状況で選択する。

聞き取り方の例

- ご飯はご自身で炊いていますか
- 電子レンジでの温めや、インスタントラーメンの調理はご自身で行っていますか

判断に迷うポイント

「切る・煮る・焼く」などの料理は含める？

簡単な調理とは、「炊飯」「弁当、惣菜、レトルト食品、冷凍食品の加熱」「即席めんの調理」のことで、この3点に絞って聞き取りを行います。「切る・煮る・焼く」などの料理は含めません。「炊飯は介助者が行い、温めは自分で行う」などの場合は、より頻度の高い介助方法で選択します。

注意すべき点

- 食材の買い物や食事の後片付けなどは含まない。
- 施設の職員が行う場合は、その状況で選択し、家族の食事と一緒に調理される場合もその状況で選ぶ。
- 経管栄養により行為自体が行われていない場合は「介助されていない」を選択し、具体的な状況を記載する。
- 能力ではなく、実際に介助されているかどうかで選ぶ。
- 行われている介助が適切でない場合は、本来あるべき適切な選択を行い、選択した理由を記載する。
- 過去1週間以内の頻度で選択する。

◆判断ポイントと特記事項文例

選択肢		判断のポイント／特記事項の文例
1. 「介助されていない」	判断	簡単な調理の介助が行われていない場合。
	文例	・料理はヘルパーが行うが、自分で炊飯や温めを行っている。 ・温めずに食べるできたての弁当を買っている。炊飯も行わないとのこと。カップ麺は自分で湯を注ぐ。 ・1日2回の経管栄養のため、調理、温めは行っていない。　**［経管栄養は調理とされず、「介助されていない」となる］**
2. 「見守り等」	判断	確認、指示、声かけなどが行われている場合。
	文例	・電子レンジの使い方を忘れ、家族が指示すれば自分で毎日温める。炊飯は家族が週1回行い冷凍する。状況から「見守り等」を選択する。 ・独居。本人が炊飯するが、水加減がわからず、柔らかすぎたり硬かったりする。電子レンジをオーブントースターと間違えることもあり、声かけや見守りが必要と判断し「見守り等」を選択。
3. 「一部介助」	判断	簡単な調理の行為の一部に介助が行われている場合。
	文例	・娘が炊飯の準備をし、本人が夕方にボタンを押す。 ・本人が電子レンジのボタンを押すが、フラつきがあり、皿が持てないことから、電子レンジへの食材の出し入れは家族が行う。 ・認知症があり、炊飯は夫が横で教えながら一緒に行う。ボタンは夫が押している。
4. 「全介助」	判断	簡単な調理のすべてに介助が行われている場合。
	文例	・施設が3食提供。　**［施設で食事が提供される場合は、「全介助」となる］** ・近くに住む嫁がご飯を持ってきてくれる。温めも毎日嫁が行う。 ・月1～2回、妻が不在時に自分で惣菜などの温めを行うこともあるが、日頃は妻が毎日炊飯を行う。頻回状況により「全介助」を選択した。　**［より頻度の多い介助方法で選択する］** ・経管栄養の流動食を施設で温め、注入しているため「レトルト食品の加熱」と判断し「全介助」を選択した。　**［経管栄養の流動食は、調理ではないので通常「介助されていない」となるが、介護者が温めて注入する場合は「全介助」となる］** ・家族が買ってきた弁当を食べているが、本人は電子レンジの使い方がわからず、冷めたまま食べている。本来は家族が温める必要があり、不適切な状態と判断して「全介助」を選択する。

3

第5群　社会生活への適応

その他

過去14日間にうけた
特別な医療について（12項目）

過去14日以内に、医師や看護師などによって「特別な医療」（特別な処置や対応）が行われたかどうかをすべて確認します。

聞き取り方の例

ここ2週間のうちで、お医者さんや看護師さんから
何か処置や対応を受けましたか

共通の注意点

● 過去14日（2週間）に行われた処置について、12項目のうち、あてはまるものをすべて選択する。

● 医師、または医師の指示にて看護師が行う処置に限定される。

● 医師による指示が14日以内でなくても、看護師による処置が14日以内であればあてはまる。

● 家族による類似の行為は該当しないが、特記事項への記載は行う。

● 継続して行われているものが対象となる。急性疾患の治療など、処置が終わっていて継続性がなければ、過去14日以内に処置があっても該当しない。

● 処置が14日以内でないが、直近にあった場合は、特記事項に記載しておく。

● 該当する処置がある場合、特記事項には、それぞれ①実施されている頻度（継続性）、②誰が行ったか（実施者）、③その処置や対応が必要な理由の3点を記載する。

6-1 点滴の管理

1.「ある（該当する）」 2.「ない（該当しない）」

定義
「過去14日間にうけた特別な医療」の中の「点滴の管理の有無」を評価する項目である。ここでいう「点滴の管理」とは、医師の指示に基づき、過去14日以内に看護師等によって実施された行為のみとする。急性期の治療を目的とした点滴は含まない。

注意すべき点

- 点滴を中止していても点滴の針が留置され、必要に応じて点滴ができる体制が整えられている場合はあてはまる。
- 「6-8 疼痛の看護」の点滴も、必要に応じて開始できる場合はあてはまる。
- 急性期の一時的なものか否かの判断は、継続性を目安とし、迷った場合は詳細を特記事項に記載する。

◆特記事項文例

選択肢	特記事項の文例
1.「ある（該当する）」	・医師の指示に基づいて、1日1回、末期がんの鎮痛剤の点滴が、看護師により継続的に実施されている。 ・栄養補給を目的とした点滴の針が留置されているが、現在点滴はない。必要に応じて点滴が開始できる体制にあるため、「ある」と判断する。（必要に応じて点滴が開始できる体制にあれば該当） ・医師の指示に基づいて、週1回、抗癌剤治療での点滴を、訪問看護により継続的に実施されている。
2.「ない（該当しない）」	・感染症で入院した日から、調査日の1ヶ月前まで点滴を行っていたが、現在は終了している。 ・2週間前に2回輸血を行ったが、現在は行われていない。（継続的に行われていない場合は成立しない）

6-2 中心静脈栄養

1. 「ある(該当する)」　2. 「ない(該当しない)」

定義　「過去14日間にうけた特別な医療」の中の「中心静脈栄養の有無」を評価する項目である。ここでいう「中心静脈栄養」とは、医師の指示に基づき、過去14日以内に看護師等によって実施された行為のみとする。

注意すべき点

● 中心静脈栄養の供給が現在行われていなくても、必要に応じて供給できる体制にある場合も該当する。

● 食事摂取もあるが、並行して中心静脈栄養も行っている場合もあてはまる。

◆特記事項文例

選択肢	特記事項の文例
1. 「ある(該当する)」	・現在中心静脈栄養は中止し、経口摂取に移行している。しかし、必要に応じて中心静脈栄養が供給する予定のため、「ある」と判断する。（必要に応じて中心静脈栄養が供給できる状態の場合は「ある」と判断） ・鎖骨下からの輸液を、定期的(週3回)に、医師の指示により看護師が行っている。
2. 「ない(該当しない)」	・1ヶ月前は中心静脈栄養を行っていたが、病状が回復し、経口摂取のみとなっている。 ・ポートの埋め込みはしているが、現在は何も注入されていない。

関連用語

中心静脈栄養………… 大腿静脈や鎖骨した静脈、内頸静脈などから栄養分を注入すること
経管栄養…………… 胃(胃ろう)や腸から栄養を直接送ること。経鼻経管栄養は鼻から栄養を注入すること
経口／経鼻………… 口や鼻から注入すること
胃ろう……………… 胃に穴を開けて栄養を注入すること

6-3 透析

1.「ある(該当する)」　2.「ない(該当しない)」

定義　「過去14日間にうけた特別な医療」の中の「透析の有無」を評価する項目である。ここでいう「透析」とは、医師の指示に基づき、過去14日以内に看護師等によって実施された行為のみとする。

注意すべき点

- 透析の方法や種類（血液透析、腹膜透析）は選択に影響しない。

◆特記事項文例

選択肢	特記事項の文例
1.「ある(該当する)」	・腎不全で、2年前から週3回、血液透析で通院している。 ・腹膜透析を行い、2週間に1回、医師の指導のもと、看護師が管理や透析液の注入口の処置を行う。 ◁ 透析の方法や種類は問わない
2.「ない(該当しない)」	・腎不全で体調が悪く、過去に入退院を繰り返している。来週、人工血管内シャントを作成する手術を行う予定。手術後、透析を行う予定だが現在はまだ透析は行っていない。

関連用語
- 腎不全………腎臓機能の低下で尿を作ることが困難な状態。悪化すると透析治療になる
- 血液透析……血液を循環させ、器械を使って老廃物をろ過する
- 腹膜透析……残された腎臓を使い、透析液を出し入れして老廃物をろ過する

6-4 ストーマ（人工肛門）の処置

1.「ある（該当する）」　2.「ない（該当しない）」

定義
「過去14日間にうけた特別な医療」の中の「ストーマ（人工肛門）の処置の有無」を評価する項目である。ここでいう「ストーマ（人工肛門）の処置」とは、医師の指示に基づき、過去14日以内に看護師等によって実施された行為のみとする。

注意すべき点

●「ストーマ（人工肛門）の処置」は、人工肛門が造設されている者の消毒、袋の交換、面板などの処置が過去14日間で行われているかを評価する。

◆特記事項文例

選択肢	特記事項の文例
1.「ある（該当する）」	・月1回、病院でストーマの観察と消毒が行われている。日頃のパウチ交換や便の廃棄は自分で行っている。 ・パウチ交換や面板の貼り替えは看護師が行い、定期的な観察は医師が行っている。
2.「ない（該当しない）」	・人工肛門が造設されている。ストーマの交換も自分で行い、半年に1回程度、病院で医師に確認してもらう。過去2週間以内ではないため「ない」を選択する。

関連用語
パウチ……………… 便を一時的に貯める袋のこと
面板………………… パウチと皮膚の間にある円盤状のもの

6-5 酸素療法

1.「ある（該当する）」　2.「ない（該当しない）」

定義　「過去14日間にうけた特別な医療」の中の「酸素療法の有無」を評価する項目である。ここでいう「酸素療法」とは、医師の指示に基づき、過去14日以内に看護師等によって実施された行為のみとする。

注意すべき点

- 呼吸器等の疾患のために酸素量が行われているかを評価する。
- 実施場所は問わない。

◆特記事項文例

選択肢	特記事項の文例
1.「ある（該当する）」	・呼吸器疾患があり、酸素療法を夜のみ行っている。定期的に（2週間に1回）、訪問看護により酸素量のチェックがある。 ・間質性肺炎で呼吸困難のため、24時間酸素療法を行っている。医師の指示に基づき、看護師が定期的に管理している。
2.「ない（該当しない）」	・肺気腫のため、酸素療法を行うが、この2週間内に看護師による処置などはない。 ・2ヶ月前の入院時に、2週間程度呼吸状態が悪かったため酸素療法を行っていたが、現在は呼吸も問題ないため、行っていない。

> 実施場所、時間は問わない

関連用語
- 酸素療法………呼吸が困難な者に酸素を送ること
- 不整脈…………脈が乱れること
- 心筋梗塞………動脈硬化で血液の流れが悪くなり心筋が壊死すること
- 心不全…………心臓疾患が進み、必要な拍出量がない状態
- 狭心症…………心臓の肝冠動脈が狭くなり、血液不足になり、胸の痛みが生じる
- 心房細動………心房が細かく動き、不整脈が生じること
- 間質性肺炎……肺胞の壁に炎症が生じ、壁が固くなり酸素を取り込みにくくなる
- バイパス手術…詰まった血管と別の人工血管、下肢の血管を橋として通す手術
- 肺気腫…………肺の容量が増えたまま膨らんだまま縮まらないこと

6-6 レスピレーター（人工呼吸器）

1.「ある（該当する）」　2.「ない（該当しない）」

定義
「過去14日間にうけた特別な医療」の中の「レスピレーター（人工呼吸器）の有無」を評価する項目である。ここでいう「レスピレーター（人工呼吸器）」とは、医師の指示に基づき、過去14日以内に看護師等によって実施された行為のみとする。

注意すべき点

● 経口、経鼻や、気管切開など種類は問わない。

◆特記事項文例

選択肢	特記事項の文例
1.「ある（該当する）」	・人工呼吸器を24時間使用し、看護師が定時に酸素状況を確認する。 ・ALSで呼吸困難なため、気管切開のチューブが留置され、人工呼吸器を使用し、看護師が定期的に週1回確認している。 ・肺がんで在宅治療をしており、マスク式人工呼吸器を使用し、週2回の訪問介護により、看護師が確認などを行う。
2.「ない（該当しない）」	・自宅で体調が悪い週1〜2日のみ、人工呼吸器を使用している。直近2週間以内で医師や看護師の対応や管理などはない。 ・1ヶ月前まで人工呼吸器を使用していたが、現在は使っていない。

関連用語　**人工呼吸器**…………自力で呼吸が困難な人に酸素を送り込み人工呼吸を補助する医療機器

6-7 気管切開の処置

1. 「ある（該当する）」　2.「ない（該当しない）」

定義
「過去14日間にうけた特別な医療」の中の「気管切開の処置の有無」を評価する項目である。ここでいう「気管切開の処置」とは、医師の指示に基づき、過去14日以内に看護師等によって実施された行為のみとする。

注意すべき点

● 気管切開していて、カニューレの交換、開口部の消毒ガーゼ交換、開口部からの喀痰吸引などの処置が行われている場合に該当する。

● 看護師ではなく、一定の研修を終えた介護職員による気管切開の開口部からの痰の吸引もあてはまる。

◆特記事項文例

選択肢	特記事項の文例
1.「ある（該当する）」	・一定の研修を受けた介護職員が、医師の指示のもと、気管カニューレ内の痰の吸引を毎日定期的に行う。 ・呼吸困難のため、気管切開を行い人工呼吸器を使用している。看護師が、医師の指示のもと、カニューレ交換を定期的に（2週間に1回）行っている。
2.「ない（該当しない）」	・看護師が1日10回ほど喀痰吸引を行うが、気管切開はしていない。 ← 気管切開がない場合はあてはまらない ・家族が気管切開から痰を1日数回吸引している。この2週間特に医療の対応はなし。 ← 家族が「気管切開の処置」を行っていても、あてはまらない

関連用語
気管切開‥‥‥‥‥ 肺に空気を送る、痰を吸引するために器官に穴を開けること
カニューレ‥‥‥‥ 欠陥、器官などの管の部分に挿入する太めの管のこと

6-8 疼痛の看護

1.「ある(該当する)」　2.「ない(該当しない)」

定義　「過去14日間にうけた特別な医療」の中の「疼痛の看護の有無」を評価する項目である。ここでいう「疼痛の看護」とは、医師の指示に基づき、過去14日以内に看護師等によって実施された行為のみとする。

注意すべき点

● この項目の疼痛は、がん末期のペインコントロールなど、ひどい痛みの場合にあてはまる。

● 鎮痛薬の点滴、硬膜外持続注入、座薬、貼付型経皮吸収剤、注射が行われている場合にあてはまる。

● 痛み止めの内服薬や、一般的な関節痛の痛み止めの注射や湿布は該当しない。

● さする、マッサージ、声かけなどの行為は該当しない。

● 理学療法士などが行う、痛み止めのための電気治療は該当しない

◆特記事項文例

選択肢	特記事項の文例
1.「ある(該当する)」	・末期がんの痛みがあり、看護師が管理する。定期的に鎮痛剤の点滴が継続実施されている。週1〜2回、痛みが酷い時は座薬を使用。 ・末期がんのため痛みが強く、鎮痛剤の貼付、モルヒネの座薬などを看護師が週1回の訪問時に行う。
2.「ない(該当しない)」	・鍼灸院に週1回通い、温熱療法や電気治療を行ってもらう。　**鍼灸院の温熱療法や電気治療は該当しない** ・軟骨がすり減り、膝が痛むため、ブロック注射を行ってもらっている。　**一般的な関節痛の痛み止めの注射は該当しない** ・がん末期のため、内服で痛み止めを毎日飲む。　**内服薬は該当しない**

関連用語　ペインコントロール……　疼痛すなわち痛みを抑える治療のこと

6-9 経管栄養

1.「ある(該当する)」　2.「ない(該当しない)」

定義
「過去14日間にうけた特別な医療」の中の「経管栄養の有無」を評価する項目である。ここでいう「経管栄養」とは、医師の指示に基づき、過去14日以内に看護師等によって実施された行為のみとする。

注意すべき点

● 同時に口から食事をしている場合でも、経管栄養を行う場合にあてはまる。

● 栄養注入のための項目であり、投薬目的の場合は該当しない。

● 経口、経鼻、胃ろうなど、方法は問わない。

● 一定の研修を受けた介護職員による処置も該当する。

◆特記事項文例

選択肢	特記事項の文例
1.「ある(該当する)」	・飲み込みが困難なため、胃ろうを造設し、施設職員が1日1回注入する。 ・夫が経管栄養の注入を行うが、訪問看護師が週1回、定期的に挿入箇所の管理などを行う。
2.「ない(該当しない)」	・栄養は中心静脈栄養で摂取し、投薬目的で胃管が留置されている。　〔投薬目的の場合は該当しない〕 ・胃ろうを造設しており、家族が朝と晩に栄養を注入する。直近2週間以内に看護師による対応はない。　〔家族による処置は該当しない〕

Column

介護職による医療行為が拡大している

　以前なら「医療行為」として医師、看護師のみにしか認められなかったことが、介護職にも認められるようになってきています。2005年に規制が緩和され、つめ切り、耳掃除、口腔ケア、ストーマ装着のパウチ内の排泄物の処理、自己導尿のカテーテルの準備、市販の浣腸器を使った浣腸などが介護職でも可能となりました。さらに、2012年からは、たんの吸引（口腔内、鼻腔内、器官カニューレ内部）や経管栄養（胃ろう、腸ろう、経鼻経管栄養）のケアも、指定研修および実施研修を終了した介護職に限ってできるようになりました。

3

その他　過去14日間にうけた特別な医療について

6-10 モニター測定

1.「ある（該当する）」　2.「ない（該当しない）」

定義　「過去14日間にうけた特別な医療」の中の「モニター測定（血圧、心拍、酸素飽和度等）の有無」を評価する項目である。ここでいう「モニター測定（血圧、心拍、酸素飽和度等）」とは、医師の指示に基づき、過去14日以内に看護師等によって実施された行為のみとする。

注意すべき点

● 24時間モニターで「血圧」「心拍」「心電図」「呼吸数」「酸素飽和度」の一つ以上、継続的に測定されている場合に該当する。ただし、血圧測定の頻度は1時間に1回以上のものに限る。

◆特記事項文例

選択肢	特記事項の文例
1.「ある（該当する）」	・大腸がんで貧血状態。医師の指示に基づき、24時間パルスオキシメーターを使用し、定期的に看護師が酸素飽和度を確認している。 ・心房細動で呼吸が乱れるため、モニターで24時間血圧と心拍の測定を行い、看護師が管理している。
2.「ない（該当しない）」	・家族が、自宅の血圧計で、1時間に1回程度の測定を行う。　家族による処置は該当しない ・看護師が1日1回、血圧を測る。　血圧は1時間に1回以上のものに限る

関連用語
パルスオキシメーター……指に装着し動脈血に含まれる酸素量を測定する器械
酸素飽和度（SpO_2）………血液中の酸素濃度
心電図…………………………心臓の電気的活動をグラフ化したもの
心拍……………………………一定時間の心臓の拍動数

6-11 褥瘡(じょくそう)の処置

1.「ある(該当する)」　2.「ない(該当しない)」

定義　「過去14日間にうけた特別な医療」の中の「じょくそうの処置の有無」を評価する項目である。ここでいう「じょくそうの処置」とは、医師の指示に基づき、過去14日以内に看護師等によって実施された行為のみとする。

注意すべき点

- 褥瘡の大きさや程度は問わない。

◆特記事項文例

選択肢	特記事項の文例
1.「ある(該当する)」	・仙骨部に2cm程度の褥瘡が2か所あり、看護師が入浴時(週2回)の後に軟膏を塗り、テープを貼る。 ・左かかとに褥瘡があり、看護師が週2回、保護剤を塗る。 ・褥瘡は治っているが、医師の指示のもと、看護師が入浴後に褥瘡のあとに予防のクリームを塗る。 （医師の指示で看護師の管理が続いている場合はあてはまる）
2.「ない(該当しない)」	・1ヶ月前は褥瘡があったが、現在は完治し処置は行っていない。 ・足の傷が膿み、看護師が毎日、包帯と軟膏を塗る。 （褥瘡以外はあてはまらない）

関連用語
褥瘡 …………… 床ずれとも言われ、圧迫の血行障害で皮膚が壊死すること
仙骨 …………… 上半身と下半身をつなぐ腰椎と尾骨の間の骨
臀部 …………… 尻の部分のこと

その他　過去14日間にうけた特別な医療について

6-12 カテーテル

1.「ある（該当する）」　2.「ない（該当しない）」

定義　「過去14日間にうけた特別な医療」の中の「カテーテル（コンドームカテーテル、留置カテーテル、ウロストーマ等）の有無」を評価する項目である。ここでいう「カテーテル（コンドームカテーテル、留置カテーテル、ウロストーマ等）」とは、医師の指示に基づき、過去14日以内に看護師等によって実施された行為のみとする。

注意すべき点

● カテーテルの管理を看護師が行う場合にあてはまる。

● 尿の排泄のためのカテーテルにあてはまり、術後のドレナージなどは該当しない。

● 腎ろうもカテーテルの管理を看護師等が行う場合に該当する。

◆特記事項文例

選択肢	特記事項の文例
1.「ある（該当する）」	・医師の指示に基づいて、看護師が週1回、留置カテーテルで定期的に交換し、陰部洗浄も行う。 ・入院中。看護師がバルーンカテーテルの交換（2週に1回）や管理などを行う。 ・腎ろうを造設し、看護師が週1回、カテーテルの管理を行う。
2.「ない（該当しない）」	・肝臓に膿が溜まっている処置のドレナージ治療のため、カテーテルを使用。 → **尿の排泄以外の目的のカテーテルは含まない** ・自己導尿しているが、2週間看護師とのかかわりはない。 → **看護師の管理などがない場合はあてはまらない**

関連用語
ドレナージ…………………体内にたまった血液や膿、浸出液を体外に排出すること
コンドームカテーテル……外付け尿道カテーテルのこと
留置カテーテル…………カテーテルを膀胱に挿入し尿を排出するもの
ウロストーマ………………尿を排泄するために造設された排泄口のこと
腎ろう………………………腎臓が尿の排出ができなくなった場合、腎盂にカテーテルを挿入し、尿を排出すること

障害高齢者の日常生活自立度(寝たきり度)

自立・J1・J2・A1・A2・B1・B2・C1・C2

日常生活自立度では、外出の頻度と付き添いの有無で選択するため、聞き取りが重要になります。判定基準や各ランクの注意点などを見て、当てはまるものを選択します。また、頻度や具体的な内容を特記事項に記します。

注意したい点

- 判定は「能力」の評価ではなく「状態」、特に「移動」に着目し、日常生活の自立の程度を4段階にランク分けで評価する。
- 何ら障害を持たない、いわゆる健常高齢者は対象としていない。
- 調査日の状況と、日頃の状況とが異なる場合は、調査日から概ね過去1週間の状況で判断する。その際に、日頃の状況との違いや、判断の根拠などを具体的に特記事項に記載する。
- 判定にあたっては、補装具や自助具等の器具を使用した状態であってもかまわない。

◆判定基準

生活自立	ランクJ	何らかの障害等を有するが、日常生活はほぼ自立し独力で外出する 1. 交通機関等を利用して外出する 2. 隣近所なら外出する
準寝たきり	ランクA	屋内での生活は概ね自立しているが、介助なしには外出しない 1. 介助により外出し、日中はほとんどベッドから離れて生活する 2. 外出の頻度が少なく、日中も寝たり起きたりの生活をしている
寝たきり	ランクB	屋内での生活は何らかの介助を要し、日中もベッド上での生活が主体であるが、座位を保つ 1. 車いすに自身で移乗し、食事、排泄はベッドから離れて行う 2. 介助により車いすに移乗する
	ランクC	1日中ベッド上で過ごし、排泄、食事、着替えにおいて介助を要する 1. 自力で寝返りをうつ 2. 自力では寝返りもうてない

各ランクの注意点

4段階の各ランクに関する注意点は以下のとおりである。

ランクJ

何らかの身体的障害等を有するが、日常生活はほぼ自立し、一人で外出する者が該当する。

J1 バス、電車等の公共交通機関で積極的にまた、かなり遠くまで外出する。

J2 隣近所への買い物や老人会等への参加等、町内の距離程度の範囲で外出する。

ランクA

「準寝たきり」に分類され、「寝たきり予備軍」ともいうべきグループであり、いわゆるhouse-boundに相当する。屋内での日常生活活動のうち食事、排泄、着替えに関しては概ね自身で行い、留守番等をするが、近所の外出は介護者の援助を必要とする場合が該当する。

A1 食事、排泄、着替え時、その他の日中時間帯もベッドから離れている時間が長く比較的多く介護者がいれば外出する場合が該当する。

A2 ベッドから離れている時間のほうが長いが、外出に付き添いが必要だが介護者がいてもまれにしか外出しない場合が該当する。

ランクB

「寝たきり」に分類されるグループであり、いわゆるchair-boundに相当する。B1とB2とは移乗を自力で行うか介助が必要かどうかで区分する。日常生活活動で、食事、排泄、着替えのいずれかは、部分的に介護者の援助を必要とし、1日の大半をベッドの上で過ごす場合が該当する。

B1 介助なしに車いすに移乗し食事も排泄もベッドから離れて行う。

B2 介助で車いすに移乗し、食事または排泄に関し、介護を必要とする。

ランクC

「寝たきり」に分類されるが、ランクBより障害の程度が重いグループで、いわゆるbed-boundに相当する。日常生活活動の食事、排泄、着替えのいずれも介護者の援助を全面的に必要とし、1日中ベッドの上で過ごす。

C1 ベッドの上で常時臥床しているが、自力で寝返りをうち体位を変える場合が該当する。

C2 自力で寝返りをうつこともなく、ベッド上で常時臥床している場合が該当する。

出典:厚生労働省『要介護認定 認定調査員テキスト2009 改訂版』(平成24年4月)

◆特記事項文例

ランク J1	・月1～2回は、自分で電車やバスを乗り継ぎ、県外にも習い事で出かけ、週2～3回は近くのスーパーに買い物に行く。 ・週1回は、一人で百貨店に買い物に電車とバスを使って出かけ、また週1回、遠方の親戚の家にも一人で行く。
ランク J2	・付き添いなしで近くのスーパーなどに杖を使って出かける。病院などは息子が送迎する。 ・月1～2回、自分で近くの病院にシルバーカーを使い歩いていく。
ランク A1	・週2回、ヘルパーが付き添い、病院や買い物に歩行またはバスで外出する。 ・週1回程度、娘が付き添い、車を娘が運転して病院等に行く。杖を利用し、長距離の歩行はしんどいとのこと。
ランク A2	・月1～2回のみ、息子の付き添いで、杖を使い病院に外出する。着替え、排泄などは自分で行う。 ・家にひきこもり、ほとんど外出せず、月1回、病院に行く程度。外出時は妻が付き添う。
ランク B1	・車いすを利用し、自分で移乗、移動を行う。 ・時間はかかるが、自分で車いすに移乗している。着替え、排泄も時間がかかるが自力で行う。
ランク B2	・抱えられて車いすに移乗し、職員が車いすを押して移動する。日中はフロアにいる。 ・腕を支えられるなどして一部介助で移乗し、全介助での車いすで移動する。
ランク C1	・食事、排泄、着替えに介助が必要で1日中臥床するが、寝返りはできる。 ・移乗、移動も全介助。起き上がりも介助が必要だが、寝返りは自分で行う。
ランク C2	・脳梗塞のために日常生活すべてに介助が必要で、1日臥床し、寝返りは自分で行えない。 ・意識障害があり、寝返り、起き上がりも自分でできず介助が必要。

障害高齢者の日常生活自立度のおおまかな目安

J 一人で外出できる
 1 電車やバスなど公共交通機関を使用し頻繁に外出
 2 近所のみ一人で外出

A 一人では外出できず付き添いが必要
 1 外出の頻度が多い
 2 外出の頻度が少ない

（↑歩行できる）
- -
（↓歩行できない）

B 車いすで日常生活を過ごす
 1 移乗を自力でできる
 2 移乗に介助がいる

C 座位が取れず寝たきり
 1 寝返りが自力でできる
 2 寝返りに介助が必要

軽 ↑ 状態 ↓ 重

7-2 認知症高齢者の日常生活自立度

自立・Ⅰ・Ⅱa・Ⅱb・Ⅲa・Ⅲb・Ⅳ・M

日常生活自立度では、外出の頻度と付き添いの有無で選択するため、聞き取りが重要になります。判定基準を見て、当てはまるものを選択します。また、頻度や具体的な内容を特記事項に記します。

◆判定基準

ランク	判断基準	見られる症状・行動の例
Ⅰ	何らかの認知症を有するが、日常生活は家庭内及び社会的にほぼ自立している。	——
Ⅱ	日常生活に支障を来たすような症状・行動や意思疎通の困難さが多少見られても、誰かが注意していれば自立できる。	——
Ⅱa	家庭外で上記Ⅱの状態がみられる。	家庭外で誰かの注意が必要な症状でたびたび道に迷うとか、買物や事務、金銭管理などそれまでできたことにミスが目立つ等
Ⅱb	家庭内でも上記Ⅱの状態がみられる。	家庭内でも誰かの注意が必要な症状で服薬管理ができない、電話の応対や訪問者との対応など一人で留守番ができない等
Ⅲ	日常生活に支障を来たすような症状・行動や意思疎通の困難さが見られ、介護を必要とする。	——
Ⅲa	日中を中心として上記Ⅲの状態が見られる。	主に日中にみられ、着替え、食事、排便、排尿が上手にできない、時間がかかる。やたらに物を口に入れる、物を拾い集める、徘徊、失禁、大声、奇声をあげる、火の不始末、不潔行為、性的異常行為等
Ⅲb	夜間を中心として上記Ⅲの状態が見られる。	主に夜間に見られ、ランクⅢaに同じ
Ⅳ	日常生活に支障を来たすような症状・行動や意思疎通の困難さが頻繁に見られ、常に介護を必要とする。	常に介護が必要で、ランクⅢaに同じ
M	著しい精神症状や周辺症状あるいは重篤な身体疾患が見られ、専門医療を必要とする。	せん妄、妄想、興奮、自傷・他害等の精神症状や精神症状に起因する問題行動が継続する状態等

◆特記事項文例

Ⅰ	・掃除や家事が億劫になっているが、日常生活自立している。 ・日や曜日を忘れるなど何らかの認知症があるが、日常生活自立している。
Ⅱa	・買い物や金銭管理にミスが出て、介助が必要になってきている。 ・2ヶ月に1回程度、外出先で迷うなどがあり、物忘れが出てきている。
Ⅱb	・服薬管理ができず、電話の応対や訪問者への対応が困難になっている。 ・金銭の管理が困難になり、通帳や財布を失くすため、その度に家族が探している。
Ⅲa	・排泄に声かけが必要で、弄便などがあり、着替えも順番がわからないので声をかけている。 ・着替え、排尿、排便に常に見守りや声かけが必要。
Ⅲb	・週3～4回、昼夜逆転があり、夜中の排泄行為も家族が手伝う。意思疎通はできるが、排泄、着替えなどに介助が必要である。 ・夜間に家の中での徘徊があり、夜中も家族が起こされる。排泄、食事も促しや声かけが必要。
Ⅳ	・ほとんど意思疎通ができない。排泄、移乗、移動も全介助で指示が通らないことが多い。 ・名前も言えない。唸るだけで発語がない。着替え、排泄も協力動作もなくすべてに介助が必要。
M	・意思疎通はできず、叫ぶなどがある。起きている間はずっと動き回り、無意識に座ったと思ったら急に立ったり倒れこんだりなどがある。机の上に寝転ぶ、危険行為や問題行動がある。24時間見守りが必要な状態。 ・排泄、着替えすべてに介助が必要であるとともに、わめく行為、暴力行為などがあるため精神安定剤で何とか落ち着かせている。

認知症高齢者の日常生活自立度のおおまかな目安

Ⅰ　軽い認知症があるが日常生活はほぼ自立

Ⅱ　誰かの注意が必要
　　a　外出先で注意が必要
　　b　家の中で注意が必要

Ⅲ　トイレや着替えなど日常的に介護が必要
　　a　日中に介護が必要
　　b　夜間に介護が必要

Ⅳ　常に介護が必要かつ意思疎通が困難
　　（第3群の項目も「できない」が多い）

M　Ⅳに加えて、施設等で対応しきれず専門病院等が必要

一次判定シミュレーション

参考資料①

　民間企業などが、インターネット上で介護認定を判定してくれる「一次判定シミュレーション」を無料で公開しています。基本調査にある各項目の選択肢を入力することで、一次判定のおおよその結果を知ることができます。

　認定調査に関しては、これが正解というものはほとんどなく、また調査員に答えが示されるわけでもないので、自身の判断が適切だったかなどわからないままです。

　こうしたツールを利用することで、調査での聞き足りない点や、矛盾がないかなど気づくことができます。さらに、どの項目が介護度認定に影響するのかについて知ることができますので、今後の調査で、どこに聞き取りの重点を置くべきかなどもわかってきますし、調査員としての自身の判断の妥当性の勉強にもなります。

オアシスナビ　｜　要介護認定シミュレーター

https://www.oasisnavi.jp/simulation/

株式会社プロトメディカルケア（医療・介護・福祉の人材紹介会社）提供。要介護レベルのみ表示されます。具体的な時間が表示されないため少し物足りないと言う人もいます。初心者向けと言われるのはそのためかもしれません。最後に都道府県の入力が促されます（市町村まで入力しなくても結果は出ます）。

上越歯科医師会　｜　平成21年度版 要介護認定 一次判定シミュレーション

http://www.j-dental.or.jp/JEDA/oralcareC/nintei/nintei21.php

詳細の時間が表示され、「介護度○まで何分足りない」なども知ることができるため、使いやすいです。古いツールですが、著者の周りではこのサイトを使っている調査員が多いです。

トリケアトプス　｜　要介護認定一次判定

http://www.tricare.jp/tricare/TBBD260.do

岡谷システム株式会社（介護ソフトの開発会社）提供。専用アプリもあります。チェック項目をクリックするとテキストの選択基準が出てくるので参考にもなるでしょう。こちらも標準時間が表示され、プロ向けと言われています。

人体の骨格・褥瘡ができやすい部位

認定調査では、調査対象者や家族などからも、骨格の名前や褥瘡ができやすい部位などについては、比較的よく出てきます。

人体の骨格

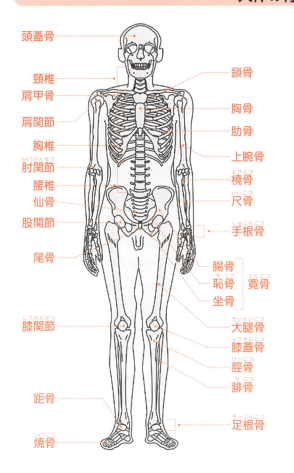
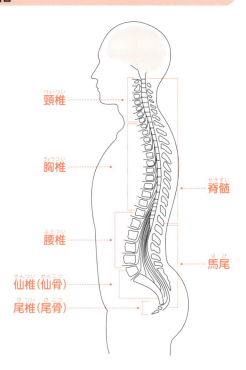

褥瘡ができやすい部位

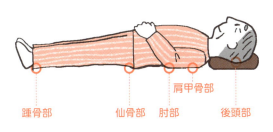
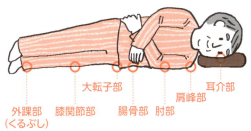

購入特典

本書では、下記2種類のファイルを「特典」として用意しています。

●Part3の「特記事項文例」

●特記事項メモシート

どちらのファイルもWord形式ですので、必要に応じて適宜修正、カスタマイズしてご利用いただけます。

SHOEISHA iD メンバー特典

特典ファイルは、以下のサイトからダウンロードして入手いただけます。

https://www.shoeisha.co.jp/book/present/9784798155951

ご注意：特典ダウンロードの際には、SHOEISHA iD（翔泳社が運営する無料の会員制度）への会員登録が必要です。

■特記事項メモシート

特記事項メモシート

　実際の調査の際にご利用いただける、第1〜3群と第5群についてのメモ用シートです（第4群はご自身でご記入ください）。用意されている基本調査の選択肢をさらに補足しています。著者が調査票作成の際に、聞き取りを行い、特記事項に記載する中から、よくある内容を選んで盛り込んでいますので、現場でチェックしたり書き込んだりできるようになっています。

　もちろん足りないものもあると思いますし、慣れてきたら不要な項目もあると思いますので、少しずつ修正され、ご自身にとって使いやすいシートを作成されるとよろしいかと思います。

　　介護者が（ズボンの上げ下げ・陰部の清拭・トイレ水洗）
4.全介助　（理由　　　　　　　　　　　　）のため人工肛門
(2-7) 口腔清潔　1.介助なし　□認知症のため声かけすれば歯を磨く
2．一部介助　（入れ歯は自分で外す・一部は本人が磨き、残りは介護者が磨く・
　　　　　　　準備したものを渡せば自分で行う）
3.全介助　（理由　　　　　　　　　　）のため介護者が（磨きなおす・すべて磨く）
(2-8) 洗顔　1.介助なし
2．一部介助　□少し自分でも拭くが残りは介護者が行う・
3.全介助　（介護者が拭く・洗身時に介護者が洗う）
　　　　　□洗顔の習慣がなく、入浴後に顔を介護者が拭く代替行為
(2-9) 整髪　1.介助なし
2．一部介助　（後ろは介護者が前は自分でとく・ブラシを介護者が渡せば自分でとく）
3.全介助　（理由　　　　　　　　　　）のため介護者が（とく・タオル等で拭く）
(2-10) 上衣の着脱　1.介助なし
2.見守り　（裏表逆がある・着る順わからない・促しが必要）のため声かけ
3.一部介助　（片麻痺あり・肩が痛い）　□着脱は本人で、介護者は整えるのみ
4.全介助　（筋力低下・拘縮あり・指示が通らない・協力動作がない）
(2-11) ズボン等の着脱　1.介助なし
2.見守り　（裏表逆がある・着る順わからない・促しが必要）のため声かけ
3.一部介助　介護者が（整える・衣類を持つ）
4.全介助　（筋力低下・拘縮あり・指示が通らない・協力動作がない）
(2-12) 外出頻度　（週・月）に（　　　）回（車・バス・タクシー）で（　　　）へ行く
　使用（杖・シルバーカー・車椅子）　付き添い（有・無）　介助（有・無）

●第3群
(3-1) 意思の伝達　確・聞・日頃（同じ・異なる）　1.できる
2.ときどき伝達できる
　□（理由　　　　　　　　）のため伝わる時と伝わらない時がある
　□特定の人に伝達できるが、それ以外は伝わらないことがある
3.ほとんど伝達できない　（限定した言葉（　　　　）が言えるのみ・唸るなどで汲み取る）
4.できない　□意識障害がある　□発語なし
(3-2) 毎日の日課　確・聞・日頃（同じ・異なる）　1.できる
2.できない　（［　　　　　　　］と答える・わからないと言う・全く返答なし）
　□食事などに声かけが必要　□意思疎通不可
(3-3) 生年月日や年齢　確・聞・日頃（同じ・異なる）　1.できる
2.できない　（［　　　　　　　］と答える・わからないと言う・全く返答なし）
(3-4) 短期記憶　確・聞・日頃（同じ・異なる）　1.できる
2.できない　（［　　　　　　　］と答える・わからないと言う・全く返答なし）
　□日頃は（　　　　　　）を忘れていることが多い
　□立ち会いなく、短期記憶テストが（　　つ）わからなかった

(3-5) 自分の名前　確・聞・日頃（同じ・異なる）　1.できる
2.できない　（［　　　　　　　］と答える・わからないと言う・全く返答なし）
(3-6) 今の季節　確・聞・日頃（同じ・異なる）　1.できる
2.できない　（［　　　　　　　］と答える・わからないと言う・全く返答なし）
　日頃（は・も）理解していない
(3-7) 場所の理解　確・聞・日頃（同じ・異なる）　1.できる
2.できない　（［　　　　　　　］と答える・わからないと言う・全く返答なし）
　日頃（は・も）理解していない
(3-8) 徘徊　1.なし
2.あり　（月・週）に　　　回）（歩き回る・ベッドの上を這い回る・車椅子でうろうろ）
(3-9) 外出すると戻れない　1.なし
2.あり　（月・週）に　　　回（家・自室）に戻れない

●第5群
(5-1) 薬の内服　1.介助なし
2．一部介助　介護者が（水・薬・両方）を、自分で（水・薬・両方）を用意
　□介護者が薬カレンダーに入れ、自分で取る
3.全介助　介護者が（口まで運ぶ・経管栄養から注入）
(5-2) 金銭の管理　1.介助なし
2．一部介助　□介護者が預かり、自分で生活費を管理
　□訪問販売で不必要に購入する　□お金をなくす
3.全介助　（理由　　　　　　　　　）
(5-3) 日常の意思決定　1.できる
2.特別な場合を除いてできる　（特別な場合　　　　　　）は家族が決める
3.日常的に困難　（入浴・着替え・その他［　　　　　　］）を嫌がる
4.できない　（判断できない・発語なし・意思疎通不可）
(5-4) 集団への不適応　1.なし
2.あり　（月・週）に　　　回　（　　　　　　）などの行動
(5-5) 買い物　1.介助なし
2.見守り等　（不要な物を選ぶため・レジの支払いが困難な時があり）声かけが必要
3．一部介助　（介護者に注文し介護者が購入・商品を選ぶが介護者が支払う・その他［　　　　　　］）
4.全介助　（介護者［　　　　］・施設・病院）が購入
(5-6) 簡単な調理　1.介助なし
2.見守り等　介護者が声かけ（炊飯・温め・インスタントの調理）
3．一部介助　介護者が（米を研ぐ・炊飯ボタンを押す）　自分で（米を研ぐ・炊飯ボタンを押す）
4.全介助　三食（施設・病院・家族）が行う

[著者紹介]

加藤裕美（かとう・ひろみ）

現役要介護認定調査員。
1976年生まれ。奈良高校卒、大阪市立大学卒商学部卒。卒業後、大阪の広告代理店、その後（株）
リクルートなどで求人広告の媒体の営業を経る。結婚・出産後、介護を学ぶために、ヘルパー2級
を取得。訪問介護で身体介護、家事援助を行う。その後、大阪社会福祉専門学校で社会福祉士の単
位を取得し社会福祉士の資格を取得。現在は自治体で認定調査を行い、1000件以上の認定調査に
携わる。現在も月約40件以上認定調査を行う。
趣味は、ボランティアで地域の活動に参加することや、小説やエッセイ執筆（入賞経験有り）。学
生時代はトライアスロンやフルマラソンなど挑戦し、ハーフマラソンの自己ベスト1時間32分で入
賞多数。スキー検定3級を取得し、修学旅行生のスキーのインストラクター指導経験あり。

Special Thanks!
多くの要介護認定調査員、ケアマネジャー皆様にご協力いただきました！

書籍コーディネート　インプルーブ　小山睦男

装丁　　　　　　　　原てるみ（mill design studio）
カバーイラスト　　　江田ななえ（http://nanae.or.tv）
本文イラスト　　　　フクモトミホ、植木美江
本文デザイン・DTP　竹崎真弓（ループスプロダクション）

現場で使える 要介護認定調査員便利帖

2018年5月24日　初版第1刷発行
2024年10月5日　初版第6刷発行

著者　　　　加藤 裕美
発行人　　　佐々木 幹夫
発行所　　　株式会社 翔泳社（https://www.shoeisha.co.jp）
印刷・製本　株式会社 シナノ

©2018 Hiromi Kato

本書は著作権法上の保護を受けています。本書の一部または全部について（ソフトウェアお
よびプログラムを含む）、株式会社 翔泳社から文書による快諾を得ずに、いかなる方法にお
いても無断で複写、複製することは禁じられています。

本書へのお問い合わせについては、002ページに記載の内容をお読みください。

造本には細心の注意を払っておりますが、万一、乱丁（ページの順序違い）や落丁（ページの
抜け）がございましたら、お取り替えいたします。03-5362-3705までご連絡ください。

ISBN978-4-7981-5595-1　　　　　　　　　　　　　　　　　　　Printed in Japan